U0735709

考试不可怕

柴一兵◎编著

帮孩子在考试中成长

北京工业大学出版社

图书在版编目（CIP）数据

考试不可怕：帮孩子在考试中成长 / 柴一兵编著.
—北京：北京工业大学出版社，2015.8（2021.9 重印）
ISBN 978-7-5639-4392-0

Ⅰ.①考… Ⅱ.①柴… Ⅲ.①中学生 – 考试方法
Ⅳ.①G632.474

中国版本图书馆 CIP 数据核字 (2015) 第 161040 号

考试不可怕——帮孩子在考试中成长

编　　著：	柴一兵
责任编辑：	闫　妍　翟雅薇
封面设计：	胡椒书衣
出版发行：	北京工业大学出版社
	（北京市朝阳区平乐园 100 号　邮编：100124）
	010-67391722（传真）　bgdcbs@sina.com
经销单位：	全国各地新华书店
承印单位：	唐山市铭诚印刷有限公司
开　　本：	787 毫米 × 1092 毫米　1/16
印　　张：	14
字　　数：	183 千字
版　　次：	2015 年 8 月第 1 版
印　　次：	2021 年 9 月第 2 次印刷
标准书号：	ISBN 978-7-5639-4392-0
定　　价：	39.80 元

版权所有　翻印必究

（如发现印装质量问题，请寄本社发行部调换 010-67391106）

前　　言

对孩子的学习，家长都很重视。不过，很多家长都不知道该如何帮助孩子提高学习成绩，有的家长甚至不能正确看待考试，把考试成绩看得过重，对孩子要求过高，这样反而不利于孩子的成长和提高。

因此，家长需要正确认识考试。家长应该明白，考试不仅与孩子的学习能力有关，更与他们的其他能力素质有关，比如抗挫折能力、应变能力，等等。拥有这些能力对孩子的一生都有着重要的意义。因此，家长要把考试看作一个锻炼孩子的机会，通过考试来全面提高孩子的各项能力，让他们变得更成熟、更优秀。

本书要做的就是指导家长帮助孩子在考试中成长。本书共有九章，每一章都有一个与提高应试能力有关的主题。在这个主题的统领下，每一节都对相关问题作了详细阐述。不仅如此，小节中还有事例，帮助家长更好地理解相关问题及解决方法。本书内容丰富，小至日常测验，大到高考，都为家长提供了不少建议，相信家长一定能够找到适合自己孩子的方法。

本书的特点是内容全面、注重细节、章节安排合理。本书不仅有应试技巧，还有各科的复习、应试方法，以及缓解考试压力的方法。每个章节的内容都着眼于细节，从切实可操作的小处入手，对家长而言，实操性更强。而且，各章节的内容层层递进，逐步深入。因此，本书能更好地帮助家长掌握切实可行的方法，找到提高孩子应试能力的捷径。

21世纪最重要的资源是人才。只有提高孩子的综合素质，才能提高他们的应试能力，使他们轻松地面对考试，并在这个过程中变得成熟、优秀，从而获得卓越人生。相信家长一定可以通过这本书找到提高孩子应试能力的方法，与孩子一起在考试中成长。

目　录

第一章　正确认识考试

激发学习动力……………………………………………003

提高抗挫折能力…………………………………………005

提高应变能力……………………………………………007

进一步认识自我…………………………………………010

培养严谨的态度…………………………………………012

提高学习效率……………………………………………014

提高规则意识……………………………………………017

第二章　正确看待日常测验

成绩不是唯一目的………………………………………023

最好的"练兵"机会………………………………………025

检验学习结果……………………………………………028

提高心理素质 030

找出复习的盲点 032

考查知识点的掌握程度 035

第三章　科学的考前复习方法

纠错整理法 041

睡前记忆法 044

考前突击法 046

章节复习法 048

讲究策略，打效率战 050

三轮复习迎战大考 053

高效记忆，高效复习 055

基础为主，做题为辅 059

第四章　各学科考前复习方法

轻松复习语文基础知识 065

学会解读古诗词 067

掌握文言文学习技巧 070

轻松写作文 072

数学，这样复习更有效 075

轻松背英语单词 077

让语法复习不再是障碍 080

听力复习有高招 082

掌握文科综合考前复习 085

学会理科综合考前复习 087

第五章　应对考试的技巧和方法

浏览试卷要注意的问题 093

把握正确的答题顺序 095

答题前要理清思路 097

暂时不会的题目就先放一放 099

抓住要点，宁简勿繁 101

在考场上更要学会打草稿 104

运筹时间的方法 107

学会科学地检查试卷 110

第六章　高考考试技巧

语文试题答题技巧 115

现代文和文言文的阅读答题技巧 117

高考作文的写作要点 120

数学试题答题技巧 122

英语听力答题技巧 125

英语作文答题技巧 128

文科综合应试技巧 130

历史试题答题技巧 133

地理试题答题技巧 135

政治试题答题技巧 138

理科综合应试技巧 140

物理试题答题技巧 143

化学试题答题技巧 146

生物试题答题技巧 149

第七章　化解考前压力的几个方法

认知减压法 155

包容减压法 157

运动减压法 160

睡眠减压法 162

笑容减压法 165

呼吸减压法 167

想象减压法 169

第八章　有好身体才有好成绩

考前莫熬夜，调整生物钟 175

劳逸结合，张弛有道 177

盛夏警惕"空调病" 180

考前饮食莫大意 183

如何给孩子的大脑补充营养 185

考前大补不可取 188

第九章　考前家长需注意的几件事

避免孩子因疲劳而导致烦躁 195

别拿孩子和"自己小时候"对比 197

孩子不是家长理想的"寄托物" 200

帮助孩子纠正"苛刻"的心态 202

考试前不宜说这些话 205

考前调节，男女有别 208

第一章
正确认识考试

激发学习动力

毛毛是个活泼可爱的男孩，今年刚升入初一。

期中考试时，由于准备得不太充分，毛毛发挥得并不好，成绩不理想。这让一向成绩优异的他感到很是失落，因而对学习的兴趣减少不少，上课经常走神，对老师的提问总是一问三不知，作业也不好好做了，经常应付了事。

爸爸看他这样颓废，便把他叫过来，询问他的学习情况。毛毛告诉爸爸，期中考试的成绩让自己很受打击，自己对考试已经不再有信心了，学习也就没有了动力。爸爸听后笑着对他说："毛毛，因为一次不如意的考试就失去信心了吗？我觉得你现在应该做的是好好总结一下这次考试失败的原因，看自己有什么不足，想想以前的成绩为什么可以那么出色，然后好好努力。爸爸相信功夫不负有心人，只要你有了改进，成绩一定会有进步。爸爸期待着你在期末考试中的出色表现！"

爸爸的话让毛毛重新燃起了信心，他决定要用努力来换取成绩的进步。他认真总结了考试出错的原因，改进了学习方法，学习效率也得到提高，学习的劲头越来越足。在期末考试中，他发挥出色，取得了很大进步，成绩在班里名列前茅。

在毛毛因为考试失利而感到挫败，对学习丧失信心和动力时，爸爸并没有对他进行严厉的批评和指责，而是鼓励他振作起来，让他明白只要努力，成绩就会得到提高，使他恢复了自信。在爸爸的激励下，他开始用功学习，最终取得了满意的成绩。

对很多孩子来讲，考试都是一种负担和压力，有时会让他们感到紧张，如果发挥得不好则会让他们感到失落，有挫败感，不利于接下来的学习。虽然学习的目的不只是取得好的成绩和排名，但如果利用得当，考试仍是一种有效促进孩子学习的方法，能够使孩子为了提高成绩而努力学习，改进学习方法，提高学习的兴趣和动力。

因此，在孩子平时的学习过程中，家长要适当利用考试来增加他们的学习劲头，让他们知道"一分耕耘，一分收获"，只有平时付出努力和精力，才有可能在考试中有好的发挥，取得满意的成绩。以下是一些供家长借鉴的相关建议：

1. 孩子考得好要有奖励

当孩子在考试中表现较好，取得不错的成绩时，家长要对他们有所表扬和奖励。要对他们为考试所做的准备和努力做出肯定，并让他们明白，之所以取得好的成绩，就是因为他们之前的付出，要让他们知道，只要保持对学习的热情，成绩一定还会取得进步。此外，家长还可以给孩子一些奖励，比如为他们做个小奖状，带他们去外面游玩，等等。但奖励不能过于丰厚，以防孩子为了奖励去学习，或把奖励看得过重，不能端正态度，这对个人成长和发展不利。

2. 引导孩子正视不足

很多孩子都有过这样的经历，考试的过程中因为一些题目不会做而导致成绩不理想。对此，有的孩子会通过在考试后请教别人、查找资料等方式努力把这些问题搞懂；有的孩子则不太在意，对这些题目不怎么上心；还有的则干脆因此失去了信心和动力，对学习松懈不少。因此，家长要正确引导他们，利用这些他们没有完全掌握的题目和知识来激发他们的求知欲，提高他们的学习动力。家长可以帮助他们查找资料，指导他们学习不懂的知识内容，以帮助孩子恢复信心和动力，为了下次考试的出色表现努力。

3. 孩子考得不好要鼓励

当孩子在考试中表现不佳，发挥得不好，成绩不理想时，很多家长都会对他们进行严厉的批评。虽然这些是家长出于对孩子的关心和担忧，但很容易让本就失望的孩子对学习更加没有信心和动力，甚至开始颓废。因此，家长对孩子的要求不宜太高，不能要求他们在短时间内就有多大的进步，要有耐心。当他们的成绩不如意时，不要只是进行批评，要鼓励他们振作起来，相信只要努力成绩总会有提高的，然后帮着他们分析试卷，寻找成绩不理想的原因。只有这样，孩子才能得到勇气和动力，才能学好功课取得进步。

提高抗挫折能力

亮亮今年上初三，是个学习刻苦努力、成绩优异的孩子。在最近的一次模拟考试中，他的成绩下降不少。仔细分析试卷后他才发现，原来是粗心大意惹的祸：不仅计算过程出错，有几个公式他都给记错了。这让他很是恼怒，又为即将到来的中考感到担心，生怕自己考得不好，让大家失望。有时他甚至感到很焦虑，连书也看不进去，一直想着考试失利的事。

妈妈发现这一情况后，便问他是怎么回事。亮亮告诉妈妈自己是被上次月考的失利给吓坏了，担心自己在中考中也表现失常。妈妈听完后对他说："亮亮，你对这件事过于担心了。你要明白，挫折是不可避免的，尤其是在学习的过程中，很多原因都会导致考试失利，让你觉得有挫败感。可妈妈倒觉得这次挫折是个好事呢，虽然这次你没考好，但你知道自己的弱势在哪儿了啊。接下来的时间你就应该训练自己的细心，弥补知识漏洞了。你想一下，要是现在没发现这些问题，万一在中考中因此失利，岂不是更加糟糕。"

妈妈的话让亮亮恍然大悟：是啊，虽然这次成绩不高，但自己的问题暴露出来了，有了改进的机会和提高的可能啊。从那以后，他便不再为这件事烦心，而是查漏补缺，训练自己的细心。在中考中，他的成绩提高不少，考入了理想的高中。

在亮亮因遭受考试失利的挫折而感到焦虑、不自信时，妈妈向他讲明了挫折的好处，让他明白了有失误是正常的，要学会利用挫折来完善自己。最终，亮亮在中考时取得了不错的成绩。

在学习过程中，很多孩子都遇到过考试失利的挫折。有的孩子平时学习勤奋刻苦，却因为一时大意将题目做错，导致成绩不如意；有的孩子在复习阶段没有准备充分，考试时遇到了不会做的题目，导致成绩下降；还有的孩子则是由于过于紧张和焦虑，导致发挥失利、成绩不理想。这些失误都会导致孩子产生挫败感，影响到学习。

其实，遭遇挫折并不一定是坏事。家长要让孩子明白，每个人都会遇到挫折，如果陷入自责和自卑中，挫折将会成为一种阻碍，让他们失去前进的动力和可能；如果明白挫折的意义，并能勇敢战胜它，挫折就会成为进步路上的加油站。因此，家长要教孩子学会正确看待和利用挫折，并借此提高承受能力。以下是一些供家长参考的建议：

1. 让孩子明白有挫折是正常的

首先，家长要让孩子明白，遭受挫折是正常的，每个人都有可能遇到，而且遇到挫折并不能说明自己就是失败的；其次，家长还应该告诉孩子，挫折只是暂时的，不是什么过不去的坎儿，不要因一时的失利而对自己进行全盘否定。只要总结经验，勇敢地站起来，就一定能够走出阴影，使自己得到提高，取得进步。家长也可以给孩子讲一些名人典故，让他们知道那些杰出的人物也是战胜挫折后才获得成功的。挫折是进步的基石。只有拥有这种良好的心态，才能在以后的考试中有好的发挥。

2. 让孩子学会利用挫折

家长还要让孩子学会换个角度看挫折，让他们知道挫折的"好处"。家长要告诉孩子，挫折不是凭空产生的，一定是有原因的，这些原因就是他们自身的不足和弱势。而考试失利则是这些不足的爆发。在挫折中，孩子的不足会暴露出来，改进和努力便有了方向，学习起来便能做到对症下药，这便是挫折的好处。在孩子考试失利后，家长要帮着孩子分析失利的原因，找出自身的不足，制定解决方案，使孩子能够完善自己，避免下一次出错。在此过程中，家长要鼓励孩子振作起来，不要把挫折看得那么可怕，要把它当作成功的基石。

3. 让孩子学会放松自己

在挫折面前，孩子有时会感到气恼烦闷，觉得自己的努力没有得到相应的回报，心血付诸东流，甚至崩溃、伤心。这时，如果家长对孩子进行批评，只会导致他们情绪恶化。因此，当孩子遇到考试失利的挫折时，家长不妨给他们一个放松的机会，让他们到外面走走，去操场慢跑几圈，或者打打球，找人聊聊天，使负面情绪得到宣泄。然后，家长再引导孩子正确看待挫折，鼓励他们通过这次失利完善自己，从阴影中走出来。

提高应变能力

小凯今年上初二，是个学习认真努力的好孩子，平时上课总是认真听课，老师布置的作业也总是按时完成，不懂的题目也会积极请教别人。

期末考试很快就要到了，大家都在积极紧张地做着准备。很多同学都买来一些学习资料，希望通过多做一些题目来提高自己的解题能力，让自己发挥得更好。有同学向小凯推荐一些测试卷，建议小凯也买一份，把那些题目做做。小凯看后却觉得那些题型都没有见过，而且难度也比课本习题高，考试应该不会考到，也就没当回事，还是按照自己的复习计划来为考试做准备。

然而当考试开始后他才发现，有些题型他根本没见过，一点思路都没有，不知道该从哪儿入手。这让他慌了，越来越着急，生怕时间来不及，题目做不完。有一道题好不容易有了思路，紧张的他却总是在计算过程中出错，改了又改，还是没能做完。结果可想而知，小凯的成绩很不理想。

平时所见题型不多，所做题目难度不高的小凯在考试时碰到了比较陌生的题型，这让缺乏经验、心理素质又不好的他越来越紧张，导致发挥失利，会做的题目也总是出错，甚至没能做完，成绩自然不理想。

生活中，很多孩子都有过与小凯类似的经历。由于心理素质不好，承受能力有限，复习时准备得又不充分，考场上遇到没见过的题型时便很紧张，不知该如何入手解决问题，导致不会做的题目做不出，会做的题目也做不对、做不完。

因此，培养孩子的应变能力和承受能力是很重要的，这种心理素质对他们的学习和发展有着很大影响。在平时的学习过程中，家长应该试着通过考试来训练他们的应变能力，提高他们的心理承受能力，使他们能够在学习和考试中有更好的发挥，在成长和发展中能够灵活地应对突发、陌生状况。以下是一些供家长借鉴的相关建议：

1. 见多才能识广

孩子的应变能力差，总是碰到陌生题目，究其原因，就是平时做的题目不多，类型比较单一，难度不高。因此，在孩子的学习过程中，家长要提醒他们多做些题目，适当地买一些学习资料，多见识一些题型，学习各种解题思路，积累经验。而且各种难度的题目都要做，不能只做简单的基础题目。只有这样，孩子在考场上才能胸有成竹，做题时才会得心应手，不容易遇到不会做的题目。

2. 学会分析题型

有时，孩子虽然在复习阶段做过大量题型，但在考试时还是遇到了没有见过的题型，感到自己无从下手，没有解题思路。家长要告诉孩子，不管是哪种题型，其考查的都是课本上的知识，万变不离其宗。遇到不会做或没见过的题目时，可以抛开自己的做题经验，从题目的本质入手来解题。可以从题干来分析其考查的是哪部分知识，然后对症下药，利用相关知识来解题。

3. 不要过于紧张，要自信、冷静

考场上遇到没见过的题型时，孩子很容易感到紧张焦虑，担心自己做不出来，成绩不理想。这种心态将会导致他们注意力分散，做题思路被打断，还容易粗心大意，计算出错，做题速度减慢，甚至会做的题也没来得及做完。因此，家长要告诉孩子，遇到不会做的题时一定要镇定，要相信自己的复习成果，告诉自己一定可以做得出来，让自己冷静下来。然后专心去解题，不要再想做不出来怎么办的问题，以防自己沉溺于紧张情绪中，导致发挥失利，成绩不如意。

进一步认识自我

罗健是一所重点中学高一某班的班长，他外表英俊帅气，身高一米八二，是学校有名的校草。罗健在初中的时候学习很用功，并以全班第一的成绩被这所重点中学录取。在升入高中之后，罗健被全班同学推选做了班长，很多同学总喜欢拿着各种不懂的题来"请教"他，渐渐地罗健开始骄傲自满起来，认定自己依然会是班上的前三名，在学习上也不那么用心了。

很快，高一上学期的期中考试来临了。让罗健大吃一惊的是，他的总分竟然在全班排到了第十二名，而那些平日里经常问他问题的同学有几位还排进了前十名。这次考试让罗健真正了解了自己的学习情况，也认识到了自己在学习中的不足，他决心以后要认真学习，再也不妄自尊大了。

上文事例中的高一男生罗健在初中时学习成绩很优秀，但在升入高中后他还满足于自己原来的成绩而不思进取，在一次期中考试中他终于清楚地认识到了自己的不足。对于我们每个人来说，具备良好的自我认识能力是非常重要的。如果一个人缺乏了这种能力，就容易因为不相信自己的能力而"妄自菲薄"，或者因为过于相信自己的能力而"自以为是"，这两种状态都不利于自己日后的发展。

对于学生来说，良好的自我认知是非常重要的。如果他们对自己的学习能力不够自信就容易产生自卑心理，对同学间的正常竞争表现得比较畏惧，或者经常自我否定，最终影响自己的学习效果；相反，如果他们对自己评价过高就容易在学习中骄傲自满，甚至轻视周围的同学，反而容易给自己带来失败。

学生在学习过程中会面临大大小小各种类型的考试，这些考试就能够帮助他们很好地认识自己。他们不但能够清楚地了解自己哪门学科的哪些知识点掌握得不够牢固，还能进一步改进自己的学习方法，为以后的不断进步做准备。因此，父母应当引导孩子通过考试正确认识自己，并及时调整自己的学习规划以适应激烈的竞争。以下的几点建议可供父母们参考：

1. 教孩子反省自己

无论考试成绩是比较理想还是差强人意，孩子都必然能够从中得出对自己有益的经验，以此反省自己在学习中的不足之处。自我反省是孩子认识自己的重要手段之一，孩子只有善于在反省中认识自己的缺点并不断改进，才能够有很大的收获。因此，父母要教孩子学会通过考试自我反省，仔细思考一下自己在学习态度和学习方法上有没有可以改进的地方，促进孩子更好地实现自我管理。

2. 引导孩子通过考前复习发掘潜力

赵峰是一名正在上初二的学生，就在期末考试到来之前的一个星期内，他很高效地完成了自己的复习计划。在那段时间内，他无论是背诵课文还是记忆各种公式都又快又准，这让他对自己的记忆能力有了进一步的认识。除此之外，他还发现自己很擅长归纳总结，一些零散的知识点经过他的整理马上变得有条理性了。就这样，赵峰信心百倍地去参加考试并取得了非常不错的成绩。

很多学生考前的学习效率非常高，就像上文中的赵峰一样。这很有可能是因为考试给他们带来了一定的压力，并且这些压力转化成了他们的动力，复习效率就会非常高。因此，父母应当引导孩子充分认识自己并不断发掘自己的学习潜力。

3. 让孩子与自己进行比较

考试反映的是孩子平时的学习情况，父母不应当拿自己的孩子和别的孩子做比较，但可以引导孩子与自己比较，看看自己是进步了还是退步了。这样的纵向比较能够对孩子的学习起到有效的促进作用。哪怕孩子只比上次进步了一点点，父母也要给予他们及时的表扬。假如孩子退步了，父母不应当不分青红皂白加以训斥，而应当帮助孩子一起分析原因，帮助孩子更好地认识自己。

培养严谨的态度

任艺是一名正在上初二的女生，她的接受能力很强，但学习态度却不够严谨。在她的作业或考试卷子中经常会出现一些很"低级"的错误，比如在语文考试中把"般"写成"艘"，在数学作业中看错运算符号或者写错数字。正因为如此，任艺的学习成绩总徘徊在班级的十名以外，这让她的妈妈很是着急。

上文事例中的任艺因为缺乏严谨的态度导致学习成绩不理想，这是很多学生都会面临的问题。学习态度属于孩子的非智力因素，它在孩子的学习过程中起着非常重要的作用，但是，有很多学生都欠缺这种严谨的态度。当他们遇到一些看上去很简单的题目时往往会不假思索地写出答案，其实正是简单的题才更容易出错。如果孩子在学习过程中不能养成严谨的态度就容易变得粗心马虎，进而影响自己的学习成果和考试成绩。

对于学生来说，严谨认真是最应该具备的学习态度。很多孩子上小学时有可能不费力气就可以取得不错的成绩，但中学阶段的学习内容很多，孩子周围又不乏竞争者，如果缺乏严谨的学习态度，孩子就很容易感觉到学习吃力，甚至成绩会迅速下降。很多父母把孩子在考试中写错数字或者算错题的原因仅仅归结为粗心，实际上这就是因为孩子没能养成严谨认真的态度和学习习惯。

学生会面临大大小小的考试，其实这些考试正是帮助孩子培养严谨态度的好机会。因为孩子学习态度上的问题都能够在考试中暴露出来，因此父母可以帮助孩子通过考试培养严谨的学习态度，以下的几个要点可供父母们参考：

1. 认真对待每一场考试

孩子对待考试的态度非常重要。有的孩子明明掌握了某个知识点，就是因为没有认真审题，所以在考试中白白丢掉了分数；还有的孩子计算出来的结果是正确的，写到试卷上时却写错了，这都是非常可惜的。因此，父母要让孩子认真对待每一场考试，无论是日常的小测验还是大型考试都要抱着一丝不苟的态度，争取发挥出自己最高的水平。

2. 在考试中进行自我检查

在考试过程中，有很多孩子会在无意间出现错误。但如果他们能够在做完所有的题目后进行自我检查，就可以做到查错补缺，并且很容易发现问题并及时改正。因此，父母要培养孩子在考试中自我纠错的能力，并帮助孩子养成自我反省的好习惯。

3. 在考试后总结经验

考试结束后老师一般都会进行判卷，这样孩子自己未能发现的问题就能够被老师指出来。父母要引导孩子从已经做完的试卷中总结经验，了解出错的原因，以便在日后遇到同样的问题时能够游刃有余地进行解答，这样也有助于培养孩子严谨的态度。

4. 在生活中培养孩子严谨的态度

做事严谨的态度一旦养成，就会对一个人的一生产生有益的影响。因此，除了通过考试，父母还可以注重在生活中培养孩子严谨的学习态度。

刘婷婷是一名正在上高一的女生，她无论做什么事情都非常严谨。每天早上起床之后她都会把被褥整理得整整齐齐，晚上写完作业之后她也总会把自己的书桌收拾得干干净净。家里的新房子装修完之后，妈妈让刘婷婷帮忙打扫厨房的卫生。婷婷拿着抹布整整擦了一下午，又用扫帚仔仔细细地扫了一遍，直到厨房一尘不染她才离开。刘婷婷之所以能养成这么认真严谨的生活态度，离不开妈妈的悉心培养。原来，妈妈从小就教育刘婷婷要用认真的态度对待每一件事，不能自欺欺人、敷衍了事，一个人只有这样才能获得真正的成功。

家长是孩子的第一任老师，如果家长能够帮助孩子将认真的态度渗透到每一件小事中，那么孩子也会将这样的态度运用到学习和考试当中，从而促进考试成绩的提升。

提高学习效率

许娇是一名初中女生，她的学习态度很认真，就是时间观念不强，无论做什么事情都喜欢磨磨蹭蹭的，是个典型的慢性子。许娇的学习成绩在班上一直处于中等水平，主要原因就是她答题的速度太慢了，往往考试时间已经过去一大半她还有很多题没做完，更别提重新检查一遍了。许娇的妈妈对女儿做事效率低的这个缺点非常发愁，她担心照这样发展下去，等许娇参加中考时会无法适应时间紧张、题目难度又加大的情况。

上文事例中的许娇每次考试都因为做题速度慢而影响自己的考试成绩，归根结底还是因为她做事情的效率太低。无论在什么样的考试中，学生都需要在规定的时间内答完一定量的考题，如果答题速度太慢就容易影响到自己整个考试的成绩。

考场上可谓"一寸光阴一寸金"，因此，父母应当通过考试帮助孩子养成良好的时间观念，进而提高孩子的学习效率。下面的几点建议可供父母们参考：

1. 父母要教孩子在考试中合理安排时间

有的学生在刚刚拿到试卷之后就开始迫不及待地做题，对整个考试过程没有合理的规划。往往在答题过程中将很多宝贵的时间浪费在了一些难题和偏题上面，导致最后那些自己本来会做的题目没有时间完成。因此，父母要教孩子学会合理安排考试时间，在答题之前先将整个试卷浏览一遍以做到心中有数，知道哪些题目自己会做，哪些题目会花费太多时间并且没有把握，这样孩子就能够合理安排自己的时间了。

除了应对考试，父母也要教孩子在平时的学习中合理利用时间，以提高自己的学习效率。比如，利用早晨的时间记忆一些英文单词或者课文，因为这个时候孩子的头脑一般都会比较清醒。上午和下午要保证在课堂上的学习效率，需要注意的是，父母应当培养孩子养成每天午休的习惯，为下午的学习做准备。而到了晚上则适合以复习为主，或者完成一些比较具体的作业。当然，孩子只有保证了充足的睡眠才能有更充沛的精力来学习，所以父母还要督促孩子不能熬夜。

2. 父母要培养孩子在规定时间内完成任务的好习惯

孩子一旦养成了在规定时间内完成任务的习惯，其做事效率自然就会提高。而要想做到这一点，就必须使孩子能够集中注意力。比如孩子在做作业时如果能够集中注意力，往往可以把作业完成得又快又好。如果他们一边写作业一边聊天或者看电视，那么不仅花费的时间特别长，最后的作业也经常漏洞百出或者答非所问。因此，父母要帮助孩子克服注意力涣散的坏习惯，在给孩子安排任务的时候要规定好时间，避免出现"原本半小时能做完的事情却花费了两个小时"的情况，让孩子养成高效学习和做事的习惯。

3. 父母要教孩子掌握正确的学习方法和做事方法

王燕是一个正在上初中的女生，她聪明伶俐，品学兼优。在刚刚过去的期末考试中，王燕的总成绩位居全班第一，数学更是班上唯一的满分。数学老师在点评试卷的时候说，王燕在解答很多道题时思路都非常独特，而且步骤也简单得多。有很多学生用一种方法试过之后就放弃了，而王燕却独辟蹊径，通过其他的方法顺利得出了正确答案。所以说，她能取得这么高的分数与她这些方法的运用有很大的关系。

原来，在王燕很小的时候，父母就很注重对她能力的培养。无论王燕做什么事情，他们都会引导她思考能不能用多种方法将事情做好。每当王燕想出一个好办法就会得到父母的表扬，所以她渐渐地养成了从多个角度思考问题的习惯，面对那些难题怪题时，她也总能用别的同学想不到的方法使问题迎刃而解。

俗话说，"正确的方法是成功的一半"，在考试中，如果孩子用正确便捷的方法答题就能够在很大程度上保证自己的效率。同样，在学习和生活中，只要孩子掌握了正确的技巧和方法，就能够大大提高自己的学习和办事效率。因此，父母要教孩子注重掌握方法而不只是知识本身。

提高规则意识

钱多多是一名高三的学生，学习能力很强。但他有个小毛病，做事情总是粗心大意。

2012年，高考开始改革，试卷上和机读卡上都要贴条形码才有效。为了让同学们在高考中发挥出正常水平，学校决定：印制条形码，模拟考试的时候发放给同学们。为了控制成本，学校只印制了一门功课的条形码。

模拟考试的时候，老师发下了条形码，钱多多怕自己贴不好，就想着：完成试卷之后再贴。老师知道钱多多有粗心大意的习惯，来来回回提醒了他好多次。每次，钱多多都说："老师，我一会儿就贴。"

时间一分一秒地过去，钱多多的题也差不多做完了。钱多多仔细地浏览了一下卷子上的试题，确认自己没有计算失误和遗漏的地方，看看时间也差不多了，钱多多起身交了卷子，收拾好东西离开了考场。

老师收卷子的时候看到钱多多的答题卡和试卷上没有贴条形码，决定帮他贴上去。后来老师想了想，这样做的话，钱多多粗心大意的毛病永远得不到纠正。最后，老师没有帮他贴条形码，他想，钱多多会从这次事件中得到教训，学会遵守规则。

考试成绩公布了，大家都去看榜单。钱多多发现，他的语文成绩是无。他很奇怪，就去找老师。

老师回答道："你的卷子和答题卡都没有贴条形码，成绩无法被扫描，所以那一科没有成绩。

　　钱多多很沮丧地走了。往后，他格外注意，不再粗心大意，严格遵守考试中的规则。

　　钱多多在这次考试中，因为粗心大意，没有遵守考试中的规则，老师为了给钱多多一个"教训"，没有帮他贴条形码。这次事件让钱多多意识到：粗心大意的毛病必须改。

　　规则意识是把规则作为孩子行为活动的准则，让孩子学会不打破原有的规则体系，自觉用规则来约束自己的行为。比如过马路的时候遵守交通规则，去游乐园的时候按序排队等。所谓"无规矩不成方圆"，没有规则意识的孩子很容易误入歧途。没有规则，社会就会无序。

　　规则意识的最高境界是把遵守规则转换成孩子的需求，也就是说，规则意识已经成为孩子的一部分，如果不遵守规则，孩子的生活就会受到影响，心理上也会有阻碍。培养孩子的规则意识是提高孩子整体素质的一种有效方式，有了良好的规则意识，孩子会在学习中获得更多的快乐，自我满足感会大大提升。教孩子遵守规则，需要遵照以下程序：培养孩子的规则意识——让孩子遵守规则——帮助孩子提升自我成就感——孩子自觉遵守规则。

　　在这里，有两点建议供家长参考：

　　1. 家长告诉孩子应遵守规则

　　考试是一种检验性的工作，孩子面临考试的时候，总会有一些紧张焦虑。如果孩子在考前没有复习到位，可能会想用一些不合理的方式来提高自己的成绩，比如作弊；或者有些孩子粗心大意，常常忘记带文具，这些行为都是违反考试规则的。家长应该告诉孩子，考试的规则是必须遵守的，如果大家都不遵守规则，那么考试就变得毫无意义了。

　　作弊是对自己的不负责任，也是对其他同学的伤害。别的同学辛苦努力过了，自己没有努力，最终大家得到了一样的成绩，对别人不公平，对自己也是伤害；粗心大意忘记带文具会影响自己的考试状态和成绩。所以，不遵守规则于己于他人都是有害的。

2. 给孩子树立遵守规则的好榜样

榜样对孩子的影响是非常大的。所以，家长一定要把遵守规则作为自己行动的准则，给孩子做好榜样。家长必须从点点滴滴的小事上给孩子灌输规则意识。

第二章
正确看待日常测验

成绩不是唯一目的

佩佩是一名初二的学生，学习十分认真刻苦，在班里的名次虽算不上数一数二，但大家仍然认为她是好学生。佩佩的人缘很好，十分愿意帮助同学，同学有什么问题不会的时候佩佩总会热心地帮大家解答。上课老师提问时佩佩总能第一个反应过来说出正确的答案，平时的作业她也能很快地完成。但每次小测验佩佩做题的过程中总会出些意外，不是计算失误就是把题审错，不是忘了写单位就是答题答错了地方，每次测验下来的成绩佩佩都不能达到好学生应有的水平。

佩佩每次看到自己糟糕的测验成绩就会不开心好几天，这几天都不能专心地听课，完成老师布置的练习题。但过一段时间，等佩佩忘记了不愉快的测验分数，她又开始认真地听课、学习。一听说老师要进行小测验，佩佩就会很紧张，总怕自己不能考好，又考出一个十分糟糕的分数，如此反反复复，佩佩的成绩始终没有进入班级的前几名。

像故事中佩佩这样过于看重自己平时的测验成绩的孩子，在重大考试的时候总是不能冷静坦然地面对，发挥出自己最好的水平。孩子进入中学后，学习任务越来越多也越来越难，老师通常会用作业练习或者课堂小测验的方式来加深学生对知识的理解，帮他们巩固对重点知识点的掌握。日常测验是对孩子学习状况的一种检查，如同医生给病人看病一样。日常测验可以帮助孩子认识到自己的问题。

日常测验对孩子的学习必不可少，但对不同的学生也会产生不同的效果。如果孩子能积极地对待老师布置的练习和测验，认真完成测验并理性地反思自己的测验结果，不为某次考试分数而烦恼和骄傲，孩子的学习效率就能有所提高，同时，他们的学习效果也会有明显的进步。但如果孩子不能正确对待老师布置的练习和日常测验，只对自己的测验分数高兴或难过，不重视测验中出现的问题，不注意改正和总结，那么大量的测验对孩子而言只能是负担，不但不能起到有效的训练效果，反而会让孩子加深对作业和日常测验的厌恶情绪，甚至会使他丧失对学习的兴趣。可见，家长要特别关注孩子对日常测验的态度，引导他们积极地对待日常测验。以下两点供家长参考：

1. 在日常测验中摸索考试技巧

日常测验是为孩子以后要面临的重大考试在做准备工作。经常进行日常测验可以帮助孩子储备知识，提高反应速度，提升考试技能和磨炼健康的考试心态。家长要教孩子掌握日常测验的考试技巧，为以后中考和高考做足准备工作。考试不仅仅考的是学生的知识储备量，也是对孩子发散性思维应试技巧和细心、耐心程度的考查。

2. 不因分数而大喜大悲

有的孩子会因为自己平时测验的分数突然大幅度下降而受到很大的打击，有的孩子会丧失对学习的热情，另一部分平时学习认真但是测验成绩却不如人意的孩子会觉得很丢面子，学习积极性也会大受打击，他们会怀疑自己的学习能力和考试能力。对于这些孩子，家长要帮助他们建立对学习的自信心，帮他们分析最近学习中出现的问题是因为学习态度差还是学习方法不当，鼓励孩子不要太过看重测验成绩，要对自己的学习能力有信心。

如果孩子平时测验的成绩突然有了很大的提升，有的孩子则会因高分而过于骄傲，认为自己运气很好，这次并没有太用功就取得了很好的成绩,之后便开始放松自我,只想在考场上获得好运气。对于因一时的高分而骄傲的孩子家长要告诫他们虚心务实,不能沉浸在以前的分数中,只有认真学习,踏实训练,下次才能获得高分。

最好的"练兵"机会

"今天这节课我们进行一次数学测验,大家把书本都收起来吧。"数学老师开始给同学们发卷子。

"老师,前几天不是刚刚测验过一次,怎么又测验啊?我们什么都没准备,都不知道考什么啊。"课代表把同学们的疑惑和老师说了一番。

"马上就要中考了,你们已经开始综合复习了,测验还需要提前准备吗?这就是在为你们的中考做准备。"老师边说边把卷子发给了大家。

小罗是同学们眼中的"差等生"。马上要进行中考了,但是小罗仍然不慌不忙,对自己的成绩一点不着急,平时不好好听课,测验的时候还想着要花样。

"皮皮,你把胳膊往左一点,我看看你的选择题。"小罗和自己的好哥们儿说道。

皮皮抬头小心地看了看老师,瞟了小罗一眼,然后把选择题的答案露出来给他看了。

"呵呵,好哥们儿。"小罗看着皮皮小声地说。

第二天,老师就把试卷批改好了。测验结果让皮皮大吃一惊,自己的分数居然还没有小罗高呢,皮皮特别难过,对自己的学习能力产生了怀疑，老师讲评试卷的时候都听不进去。

"皮皮，我要是没抄到你的选择题我肯定是考不过你的，你没必要难过。"小罗看皮皮好几天闷闷不乐便安慰皮皮。

"选择题的占分比例不怎么高，其实很多分还是靠后面的大题拿到的，你不用故意安慰我。"皮皮仍然很难过，却不知道从这次失利中总结自己的问题。

故事中的小罗和皮皮都没有正确对待老师组织的日常测验，他们既没有调整好自己的考试态度也没有从中总结自己在考试中出现的问题。老师平时组织的日常测验虽然没有正式考试正规，但仍是以试卷的形式对学生进行检测，是正规考试的模拟训练，是平时学习的实战演习。

一般情况下孩子们都会十分认真地参与日常测验，期待自己能取得好的成绩。但有的孩子不注重平时的测验训练，并没有把它作为正规考试的"战前准备"，没有认真对待也不懂得从中汲取经验和教训，错过了许多训练自己应试技能的机会。有的孩子是应付老师，认为只要做完就好；而有的同学是应付家长，为了得到好的测验成绩，总想采取作弊等手段获得高分，以此作为和家长提要求的筹码。过于看重测验和过度轻视测验的孩子都不能真正从平时的测验中得到训练，也不可能为以后打下坚实的基础。

由此可见，家长要正确引导孩子，教其把日常测验作为"练兵"的机会，认真准备测验，并从中吸取考试的经验和教训。下面这些教孩子把握"练兵"机会的方法供家长参考：

1. 利用日常测验激发孩子的学习兴趣

日常测验是对孩子学习成果的一种检查，它是对孩子做得不好的地方的一种批评，对做得好的地方的一种肯定。如果家长能采取适当的手段教孩子正确认识自己的成绩，那么通过日常测验能激发孩子的学习兴趣。

高分是对孩子平时努力学习的一种认可，在孩子们心中高分是一种荣誉，可以让他们获得成就感。孩子在考试中答得非常好的地方家长要给予肯定，及时表扬自己的孩子。比如家长夸孩子："你这次做得真好，这么难的题你都能做出来，真是不错！"

低分是对孩子平时不努力学习的一种批评，在孩子们心中低分是一种耻辱，会受到同学的嘲笑。家长要让孩子将嘲笑转变为动力，告诉他平时不努力，考场上是不会掉"馅饼"的。比如家长可以鼓励孩子，"别看他们这次考得比你好，可能他们下次考试就放松了。你平时要是再刻苦一些的话一定也能考出好成绩，妈妈相信你！"

2. 学会测验之后和同学交流

通过日常测验，孩子之间会展开竞争和比较，他们会在潜意识里不自觉地加强自己的竞争意识。测验结果能让学生了解其他同学的学习状况和当前的考试能力，能帮助孩子认清自己和别人的差距，同学们之间能进行取长补短、共同提高。所以，家长在老师组织日常测验后，要鼓励孩子和别的同学进行交流，不能让孩子逃避自己糟糕的测验结果，而要教其正视低分，向其他同学请教学习方法和考试技巧，这样日常测验才能对孩子以后的考试起到练兵的效果。如果孩子的测验结果很好，家长仍要鼓励他多和同学交流，因为自己的方法虽然对却不一定是最快最好的方法，经过同学之间的交流能帮助他们提高自己的学习效率。当自己的孩子掌握了某种快速的解题方法后，家长也要鼓励他和同学分享自己的好方法，不要私藏。在和同学分享的同时也可以让孩子获得成就感。

检验学习结果

可可在同学们眼中是名优等生，不论是大考或是小考，不论试卷的题目是难还是易，她总能很平稳地发挥自己的实力，考出班里最优异的成绩。

"可可，你怎么什么题都会做呢？我觉得我们这次的英语考试好难，好多单词不认识，阅读都读不懂，你是怎么考到110多分的？我只考了98分。"可可的同桌对她赞叹道。

"其实我也有很多单词不认识，但是有的题有做题的技巧，看不懂文章其实也能选出正确答案的。"可可不紧不慢地说。

"是吗？你具体给我说说吧，我不明白阅读读不懂该怎么选。"同桌一脸好奇地问可可。

"做题技巧其实也没什么神秘的，就是靠自己平时的做题经验总结出来的。比如有的题是让你猜词义，这个词肯定大部分同学都不认识，但是怎么猜呢？"可可故意很神秘地说。

可可停顿了一下继续说道："就是从它的前一句或者后一句进行总结，或者选项中如果有词义相似的同类项就可以直接把这两个选项都排除，反正就是通过一切可以把正确答案同其他选项区别开来的方法将它挑出来，这种题读不懂全文也可以做。

"对于那种总结文章主题的问题，就要联系全文了，但是全文你不可能一句话也看不懂，把自己能看懂的话和选项进行联想，选择和自己能读懂的意思最相近的一项应该就是正确答案了，所以考试有时考的确实是技巧。这些技巧需要我们经常对平时的练习和测验进行总结才能体会到。"可可耐心地给同桌讲道。

故事中可可所运用的有效的学习方法就是经常对自己所做的试卷进行总结。在系统地学完一部分知识后，老师通常会用试题对学生进行测验，一方面是为了检验自己的教学方法，分析学生是否能很好地理解和接受所学知识，从而改进自己的教学方式；另一方面可以帮助学生检测自己最近一段时间的学习结果，督促孩子们反思自己的学习态度和方式。

测验的目的不是为了通过成绩高低对班里的孩子进行排名，证明哪个孩子聪明哪个孩子不聪明。毕竟试卷所出的题目具有局限性和偶然性，可能有的孩子对试卷中的题目掌握得很好，所以他这次就取得了不错的成绩；而有的孩子对这部分知识掌握得不好，所以这次的测验成绩便下降了很多。因此，测验的目的不在于让大家关注自己的考试成绩，而是想让同学们通过测验认识到自己这段时间的学习情况，分析出自己哪些地方还没有掌握好，从而在测验中检验自己的学习结果。

由此可见，家长要教导孩子在测验中检验自己的学习结果。下面一些教孩子在测验中检验自己学习结果的方法供家长参考：

1. 教孩子通过测验学习知识

通过日常测验能让孩子认识到试题经常考查的知识点有哪些，发现自己平时没有掌握的知识体系有哪些。可见平时测验能检验出孩子在学习过程中出现的问题，因此家长要教孩子对自己的日常测验进行总结。知识点的总结是分析测验结果最重要的一个环节，如果孩子不进行总结，永远不清楚自己学到了哪些新知识，对哪些知识不熟悉，以后复习的时候就没有目标，只能盲目地浏览课本。当孩子总结出自己学得不好的知识点，就能着重对这部分知识进行复习。家长要注意千万不能教孩子就题论题，如果孩子只是把自己做错的这道题改正了，这样的总结只是多会了一道题而已，下次类似的题出现时他们可能又错了，所以家长要教孩子把相关的知识体系都理解清楚。

2. 教孩子学会思考试卷的考查方法

在孩子拿到经过老师批改后的试卷时，家长应教孩子对这份卷子的情况进行一个全面的分析，从中发现这份题的考查方法并对其进行总结。孩子在看题时不应只关注自己的错题，还应关注自己当时做起来不流畅的题目以及凭自己的运气做对的题目。出现问题说明孩子对这些题目的考查方法还不熟悉，这些题目就是孩子可以总结出考查方法的地方。

提高心理素质

涛涛今年13岁，已经上初一了。随着期末考试的临近，大家的学习任务越来越重，老师也经常发一些卷子让大家做。

每次老师让做卷子时，涛涛就会觉得很麻烦，做题时也不太专心，总觉得这又不是正式考试，用不着那么认真。遇到不会做的题时他也不太在意，直接空着也不去深究。不仅如此，涛涛做卷子时比较散漫，解题速度很慢，有的题目有了思路就跳过去，不亲自动手计算。有时老师发下答案让大家对照并更正错误，涛涛却不以为意，觉得反正老师也要讲，到时候再改也不迟，有时甚至会懒得做题，直接抄答案。

期末考试开始了，前面的几道题涛涛就不会做，这让他紧张起来，更没思路了。做到计算题时，他虽然有思路，却费了很长时间进行计算。做后面的题时，越来越焦虑的他甚至一边读题一边做解答，解题过程很是混乱。拿到老师批改过的试卷后，他才发现，由于紧张，好几道题目的计算都出错了，有的题目连题意都没有真正理解。

由于对平时的测试不够重视，涛涛的应试能力没有得到训练和提高，考场上容易紧张、焦虑和不适应，影响了做题速度和思路，成绩也下降了。

其实，像涛涛这样不重视平时测试的孩子并不在少数。在他们看来，平时的测试只是一种作业或负担，完成任务就好，不必像正式考试时一样认真；也有的孩子虽然认真做测试题了，但没有把它当成考试来对待，心理素质没得到提高。这些孩子在面对考试时都很容易产生紧张、焦虑的状况，而且受情绪的影响也比较大，解题思路容易被扰乱，速度被拖慢，成绩受到影响。

因此，家长应该教孩子正视平时的测试，在此过程中训练自己的应考心态。只有这样，孩子在正式考试中才更容易以平和的心态面对，感到紧张时也能快速平静，做题状态受情绪的干扰比较小，心理素质得到提高，考试成绩才能取得进步。好的心理素质对他们的未来发展和人际交往也是很有好处的。以下建议供家长参考：

1. 对应考试时间段做测试题

家长应该让孩子结合考试时间段来做测试题。比如英语考试的时间是上午，就建议孩子在上午复习英语并做测试题。这样做可以让孩子较早地适应考试，提高相应学科的学习效率，考试时能快速进入状态，更加专注，心态也更加放松，考场表现更佳。

2. 适当做些有难度的题

在平时的测试中，简单的题目虽然有助于增强孩子的自信，却不利于他们解题能力的提高。如果孩子平时只做简单的、会做的题目，考场上一旦遇到有些难度的题，他们很容易感到紧张，不知该如何应对，进而影响解题。所以，家长要让孩子在平时的测试中多做一些有难度的题目，一方面加深自己对知识的了解和把握，增强解题能力；另一方面提高自己的心理素质，学会该如何面对焦虑等情绪，避免解题时受到影响。

3. 把测试当成考试，想象自己在考场

在孩子做测试题时，家长可以让他们把测试当成是在考试，并想象自己身处考场。这样做可以让孩子提前"进入"考场，感受到考场的氛围并学会调节自己的情绪和状态，正式考试时不容易紧张。除此之外，这种把测试当成考试的方法还可以使孩子做题时更加投入和专注。家长还可以让孩子设个闹钟，在规定时间内完成测试题，以达到提高解题速度的目的。

找出复习的盲点

亮亮今年13岁，已经是个初二的学生了。最近他正在为期末考试做着复习准备。爸爸给他买了很多复习参考书。

为了让亮亮的成绩有大的进步，爸爸经常监督他做练习题，尤其是那些辅导书上难度较大的题目。爸爸觉得这样可以提高他的解题能力，难题要都能做得出来，简单的题目就更没问题了。亮亮在爸爸的要求下每天都会做一些题目。

可渐渐地，亮亮发现，由于做了过多的难题，课本看得少，自己做题时经常钻牛角尖，不会想到用最基本的、课本上提到的方法去解题。而且他总觉得自己跟不上同学的复习节奏，他们讨论的题目有很多都是自己没见到过的，有的知识点自己甚至都不知道。所以，亮亮向爸爸提出不想做参考书上的题了，想多花点精力来复习课本知识。

但这遭到了爸爸的拒绝，他还批评亮亮不好好复习，想偷懒。亮亮只好继续大量做辅导书上的习题。

期末考试开始了。亮亮发现自己虽然做出几道难度相对较大的题目，但是一些填空题和选择题却不会做，甚至完全不知其考查的是哪部分内容。他硬着头皮交了有很多空白的试卷。

在爸爸的要求下，亮亮把大量精力放在了辅导书里的难题、延伸题上，课本知识的掌握却不够扎实，产生不少知识盲点，导致考试时很多题不会做，成绩不升反降。

很多孩子在学习过程中都会出现与上例中的亮亮类似的情况：考试时遇到很多不会做的题，有时甚至读不懂题意。产生这种现象的原因就是他们的学习过程中存在着不少知识盲点。有的孩子复习时不注重全面回顾课本，把精力过多放在了做题上，导致遗漏课本知识；有的孩子虽然通读课本，却没有把一些重点知识搞懂，不会的还是不会，这也会产生知识盲点，考试时容易遇到不会做的题。这些都会导致孩子的成绩不理想。

因此，在孩子平时的练习以及考前复习阶段，家长都应提醒他们，首先要把课本知识都过一遍，不要留死角，尤其是一些重难点知识一定要搞懂，只有这样，才能全面"武装"自己，消除知识盲点，降低考试时遇到不会做的题的可能性，提高正确率，使成绩取得进步。以下是一些供家长参考的相关建议：

1. 通过目录复习课本

首先，家长要让孩子明白，复习是一件平时就要做好的工作，不能只寄希望于短暂的考前阶段。家长要提醒孩子，老师讲完课或做测试题前，都应该把课本上的相关知识过一遍。如果孩子觉得无从下手，可以教他们利用目录来复习，让他们看着目录回想相关章节的知识，有不太明白的或是比较重要的知识就要翻开课本进行重点理解和复习。回想完后也应翻开课本进行对照，看是否有遗漏部分，只有这样才能彻底消灭知识盲点。

2. 有效利用平时的测试题

家长要教孩子学会如何有效地利用平时的测试题。在做测试题的时候，遇到不会做的或是有思路却在具体解题时遇到问题的题目一定要加以重视。要把这些题目标注出来，等到做完测试题后再回过头来看这些题，并翻开课本查找相关知识，扫除这些知识盲点。当然，对照答案后发现做错的题目也要在课本上的相关地方做出标注，重点理解并记忆这些知识点。

3. 重点要放在课本上

很多孩子在复习时喜欢通过做大量题目来回顾知识，对课本却不太重视。这样做虽然能够提高孩子的解题能力，却容易造成孩子遗漏知识点、知识体系不牢固、考试时丢掉不该丢的分数的情况。因此，家长要让孩子明白，课本上的知识才是题的始源，平时一定要以课本为主。平时的测试题要认真做，但课本也要认真看。不能把精力过多地耗费在偏难的测试题上，要重视课本上的基础知识。

4. 要多与同学交流

"你有一种思想，我有一种思想，交换之后每人有两种思想。"同样的，孩子之间关于学习的交流也能促进孩子对知识的理解，帮助孩子查漏补缺。家长要教孩子养成这样的习惯，在做完一套测试题后，积极与同学讨论，解决自己不会做的题目，交流题目的解法。在此过程中，他们很容易发现自己的不足甚至是自己遗漏的知识点，并及时补全。久而久之，孩子的知识盲点自然会减少，考试时正确率提高，成绩也会取得提高。

考查知识点的掌握程度

佳佳是个聪明伶俐的小姑娘，今年上初一。小学时她的成绩很优异，总是名列前茅。可是自从升入初中后，她的成绩总是十分"低调"，在班里处于中等水平，而且总是得不到提高。尤其是相对较难的物理，佳佳学得很吃力。

为了提高自己的物理成绩，佳佳买来很多物理测试卷，每一章学完后都会做相应的题目。做题时佳佳很认真，遇到自己不会做的或是不太确定答案的题目就马上翻看课本，确保正确。可这导致她做每套测试卷花费时间很长。做完卷子后，她都会与参考答案进行对照，改正自己的错误，分析出错原因。有的题目她想了很久仍是不能明白，也不会去请教别人，她觉得那样做会让人觉得她笨。所以她只是把答案或是答案提供的解答过程背下来，有时甚至会期待考试时遇到原题。

期末考试时，佳佳发现物理试卷中有些题目自己在做测试题时做过，可当时她是边看课本边做的，现在对解法完全没有印象；有的题目虽然与那些她不会做的题目类似，她也把解答过程背了下来，可数字一换，她就又不会做了。结果，她的物理仍旧考得很糟糕。

上例中的佳佳没有正确看待平时的测试题，不明白做测试题最重要的目的是加强对知识点的掌握和运用。佳佳在做题的过程中不检验自己的学习成果，甚至寄希望于考试遇到原题，通过死记硬背来掌握知识，这些都导致她没有利用好测试，对知识的理解不透彻，因此考试不如意。

生活中，不少孩子都不理解测试题的意义和作用。有的孩子把它看成是老师布置的任务，是负担，做的时候不用心，也不回顾相关知识，做了也没有效果，考试成绩得不到提高；有的孩子则存在一种侥幸心理，希望平时多做些测试题，考试时遇到原题便可"就地取材"，提高正确率和成绩。这些想法都导致孩子不能最大限度地利用测试题来加强对知识的把握，不能做到灵活运用，成绩很难提高。

家长要让孩子明白，平时的测试题是一种学习工具，能帮助他们回顾、理解知识，从而能更灵活地运用知识解题。只有明白了这一点，他们才能以正确的态度面对测试题，做题时才会用心专注，加强对知识的掌握及运用能力，逐步提高考试成绩。以下是一些供家长借鉴的相关建议：

1. 做测试题时尽量不翻课本

首先，家长要教孩子养成这样一种习惯：做题的过程中不要翻看课本，要把它当成正式考试来进行。在做题的过程中翻看课本不仅会浪费大量时间，还会导致孩子对知识的理解和记忆不深刻。所以，家长可以教他们在做题前就全面回顾课本上的知识点，做题过程中遇到不会做的题时做出标注，等做完后再来解决，不要为了提高正确率而马上翻看课本。这样做能够提高孩子的做题效率，也能让他们真正理解并记忆那些掌握得不好的知识。

2. 不要死记硬背

家长还应让孩子明白，做题的目的是查缺补漏，加强对知识的把握。所以在遇到不会做的题目时一定要认真思考，如果还是做不出来就要积极请教别人，要把题目搞懂，不要死记硬背解题步骤，更不要寄希望于考试遇到原题。还要注意总结做题经验，寻找解题规律，真正理解并掌握相关知识。只有这样，才能通过平时的测试加强对知识的掌握，学会灵活运用，考试时更得心应手，从而使成绩得到提高。

3．尝试一题多解和多题一解

家长要让孩子明白，不管是简单题还是难题，解题方法都是灵活运用相关知识。所以，在做测试题时要注意一题多解和多题一解的情况。尝试着由一道题目联想到多个方面的知识，并由此想出多种解题方法；不同的题目要看其是否有共性，考察的是否就是同一类知识，能否用同一种方法来解决。只有这样，孩子才能真正明白做题的意义：考察对知识的掌握和运用，并寻找到做题规律，提高解题能力和速度，使成绩得到提高。

4．做题时联想相关知识，不做偏题怪题

有的孩子把做题看成一种提高能力的手段，并经常找一些难度较大甚至比较偏的题目来做，以求提高解题能力和成绩。这却常常导致他们忽略课本基础知识，基本的解法都没掌握，经常钻牛角尖。对此，家长要告诉孩子，不要做那些偏题怪题，要做切实考察重难点、基础知识的题目，而且做题时要积极联想课本上的知识和例题解法。只有这样才能达到回顾知识、加强掌握、提高能力的目的。

第三章　科学的考前复习方法

纠错整理法

小凡是一名初二的学生，她学习努力，为人低调，在老师同学眼里是一个乖巧、踏实的孩子。然而，尽管比别人付出的多，但是小凡的成绩却总达不到自己的期望。每次考试她的成绩都只在中等的位置上下浮动。

最近，期末考试又将到来，小凡仍采取一贯的学习作风，埋头苦干。面对如此多尚未掌握的知识点，小凡买了几套试题，想通过大量的练习来巩固所学内容。为了能在考前把这几套试题做完，她每天都在题海里挣扎，还给自己制订一个计划，每天必须至少完成六套试题。这样一来，除去上课和吃饭，小凡几乎没有太多时间休息，连课间十分钟也被用来做题了。尽管这样挤时间，但是由于任务量大，小凡有时并不能按时完成计划。

随着考试的脚步临近，为了加紧复习，她连吃饭的节奏都变快了很多，人也清瘦了不少。看着仍有很多试题没有完成，小凡开始变得有些焦虑，常选择熬夜复习，且对于做错的题目，只扫一眼，不再去认真订正。不仅如此，做试题占用了大量的复习时间，小凡没有把课本的知识从头串一遍，以至于她现在对一些内容都遗忘或混淆了。

终于，在考试前夜，小凡勉强把买的资料做完了，但是由于熬夜到很晚，第二天她拖着疲惫的身子去了考场，精神状态欠佳，并且因没有认真复习课本，她对自己缺乏足够的信心。后来，成绩出来后，小凡的成绩反而有所下降。看着班主任失望的眼神，小凡默默地流下了眼泪。

　　我们知道，提高成绩更多的是靠平时的努力，但是，这并不代表考前复习不重要。就像事例中的小凡，虽然她平时学习很努力，但是由于考前没有找对复习方法，考试时并没能发挥出正常水平。而且考前焦虑，复习状态不佳，这也对小凡的学习效率造成了一定的影响。有些学生也有类似小凡的问题，收获与付出不成正比，这着实会让他们感到心里不平衡，甚至会对自己越来越没信心。学生考前会出现这些问题，一般有以下几个原因。

　　首先，平时努力不够，导致考前底气不足。学习是一个不断积累的过程，扎实的知识和拔尖的成绩不是靠投机取巧就能够获得的。如果孩子在平时学习过程中不能踏踏实实地完成每天的功课，不能做到当天的问题当天解决，那么长期如此，学习中的问题就会越积越多，到了期末考试时，他们就没有足够的时间再去一一攻克，以至于他们心里对考试没底。

　　其次，孩子不注重总结以前犯过的错误。许多孩子都有这样的坏习惯，他们不喜欢翻阅曾经做过的试题，做题错了就错了，并不去认真订正，即使当时改了，过后也很容易遗忘。因此，孩子需要经常再与它们"见见面"，才能更清楚地"认识"它们。如果孩子在学习上太"喜新厌旧"，知识得不到巩固和加强，那么考试时就容易出现答题正确率不高的情况。

　　最后，考前知识点太多，孩子容易手忙脚乱。中学涉及的科目多，考前需要复习的知识点也多，面对那么多需要整理的笔记和一天天逼近的考试压力，孩子在复习时很容易顾此失彼，导致复习不全面，不能很好地应付如期而至的考试。

　　因此，为了帮助孩子更有效率地复习，家长们应让他们了解"纠错复习"的重要性。下面有几点建议可供家长们参考：

1. 让孩子适量做题

考前做题是检测孩子学习效果和让他们熟悉考试流程的好方法，但并不是题做得越多越好。如果是在平时，自然是多练习有助于知识的巩固，但在考前那么紧张的复习节奏下，就不适合大量做题了。父母应建议孩子把复习的重点放在课本上，毕竟老师出题的考点都来自课本上，只要平时学习的知识点吃透并消化了，那么对各种变化的形式，孩子基本上都能应付自如了。

2. 让孩子汇集错题，从中找出自己的弱项

当孩子复习时间紧张时，就不能漫无目的地复习了，应该有所侧重，主要看掌握得不太好的地方。但是，如何让孩子知道自己哪些地方学得不好呢？分类整理平时练习中出现的错误就是个不错的方法。所以家长应建议孩子准备一个笔记本，把日常练习中的错题进行整理、汇总，在考前认真分析这些错题，找出错误的原因和解决问题的方法。然后再看哪些类型的题目错误率比较高，这样孩子比较容易发现自己的弱项，从而能更有针对性地复习，提高效率。

3. 从做错的试题中找出考点，加强复习

学生出错率比较高的地方说明知识点难掌握，为了使试卷的题型有一定的难易梯度，拉开考生成绩，这些容易让学生"栽倒"的地方往往会被老师作为考点出题。所以，为了能让孩子在考试中脱颖而出，家长应该让他们在整理错题的过程中注意关注题目涉及的知识点，然后强化复习。可能有许多孩子觉得已经掌握了这些知识点，所以考前不愿意再看，其实这种做法是不对的。既然是常错的，就说明孩子对这些知识还理解得不够透彻，所以，如果复习时间比较充裕的话，还是应该再看看这些错题，哪怕扫上几眼，有个印象，在考试时若见到类似题目，他们不用重新再去在脑中搜寻相关知识点，上手也能更快，这样可以节约不少时间。

睡前记忆法

林一阳最近总是失眠，导致他的学习状态也变差了。

周末在家上网，林一阳发现了一个讲述记忆方法的网页。林一阳浏览了一遍，发现其中讲的睡前记忆法很有趣。最近背的东西实在太多，很容易忘记，尤其是地理上的那些坐标，令他头疼不已。最后，他决定尝试一下这种方法。网页上说：睡前喝一杯牛奶然后背半个小时书，记忆效率将大大提高。

晚上，林一阳喝了一杯牛奶，然后翻出一本书，开始背地理知识，特别是那些地理坐标。

坚持了一个月之后，林一阳发现自己的地理知识记得好像很牢靠了，而且失眠的问题也解决了。

林一阳尝试了睡前记忆法，结果，那些很容易遗忘的知识深刻地印在脑子里了，同时，失眠的问题也得到了解决。可见，睡前记忆法是一个非常不错的记忆方式。

美国《神经科学杂志》发表的一份科学研究证明：睡前记忆对于把短暂性记忆转化为长期性记忆有着非常显著的作用。研究人员给所有的志愿者发了一份一模一样的单词表，每个人记忆完之后，立即测试记忆效果；第二天，研究人员又给志愿者发了一份单词一样、顺序打乱的单词表，要求他们记忆完之后睡觉，等他们睡醒之后，研究人员测试了记忆效果。结果发现，睡前记忆的效果更好一些。

原因有以下几点：一是睡前人的注意力集中，所以记忆东西的时候效率比较高；二是科学数据证明，人在睡觉的时候只是"清醒细胞"停止工作了，而"睡眠细胞"刚刚开始工作，所以睡前记忆的东西并没有跟着睡眠一起"沉睡"，而是随着"睡眠细胞"的运动在不断运动着。在孩子睡眠的过程中，这些东西在不断重复，刺激大脑皮层给出反应，所以，睡前记忆的效果就比较好。

在这里，有几点建议供家长参考：

1. 引导孩子对睡前记忆产生兴趣

不管是孩子还是家长，遇到感兴趣的事情都会想去尝试。如果孩子了解了睡前记忆法的好处，他会很乐意尝试。睡前记忆可以挖掘出孩子的记忆潜力，家长告诉孩子睡前记忆的好处，以此引起孩子的兴趣，培养孩子睡前记忆的习惯，才会取得满意的学习效果。

2. 培养孩子良好的睡前阅读习惯

记忆分两种形式：一种是无意识记忆，一种是有意识记忆。睡前阅读就是一种无意识记忆的方式，当然，孩子愿意的话，有意识记忆是最好的。家长帮助孩子养成睡前阅读的习惯，不仅可以提高孩子的睡眠质量，还可以帮助孩子增加知识储备。睡前，翻阅一些比较有趣的书籍，可以提高孩子的记忆能力。科学研究表明，经常进行记忆能力的锻炼，可以促进孩子记忆力的发展。家长可以拿着书本给孩子读知识点，孩子睡着之后，家长就结束诵读。这也是不错的睡前记忆方式。

3. 分阶段进行睡前记忆训练

有些孩子睡觉之前看的知识点闭上眼睛突然想不起来了，他就会一整晚都想着这个问题。这会导致孩子的睡眠质量变差。所以，家长要有计划地安排孩子的睡前记忆锻炼。分阶段进行睡前记忆训练，这样才不会影响孩子的睡眠质量。孩子刚开始进行睡前记忆锻炼的时候，家长可以选取一些比较简单的书籍或者知识卡片给孩子记忆，待孩子的记忆能力提高之后，家长再选择一些难度比较大的书籍给孩子，通过循序渐进的方式达到训练孩子记忆力的目的。

考前突击法

袁朗被大家称为"考神"。因为他平时几乎不学习，每次快考试了才翻翻书本，可是每次考试成绩都很优秀。大家一起出去玩的时候，薛萌问他："袁朗，你怎么那么厉害？每次都是突击复习，每次都考那么好。"

袁朗笑了笑，回答："其实你们做好复习计划，按部就班地执行，你们也可以考得很不错。"

小邓说："那说说你的突击计划呗。"

袁朗说："行啊！首先，考前一个月的时候把每门课都分配好时间，比较难的科目多分配一点时间。制订好计划后，必须严格地执行。复习计划依据考试的时间和老师画的重点来做。"

小邓问："但是做计划的时候就有困难呐，不管看了多少，都觉得很多东西没学会。"

袁朗回答："最好是把书本通读一遍，然后再着重看老师画的重点。如果老师没有划重点，就去问问学习好的同学，借他们的笔记看看。"

大家认真仔细地听着袁朗讲突击计划。

"对了，如果坚持不下去的话，就叫几个人一块复习，这样可以给自己动力，还可以互相监督。"袁朗补充道。

袁朗的突击计划对大多数同学来说还是有效的。考前突击法是一种短暂性记忆的学习方法，孩子在较为短暂的时间里，把重点知识都记下来，并且在考场上灵活地运用，这是一种非常锻炼学习能力的方式。

有一些知识，孩子一时可能理解不了，但是又要使用这个知识点。在考前，孩子可以重点记忆这些知识点，不必刻意理解推导过程，只要记住知识点就可以了，考试的时候不会影响孩子的发挥。当然，孩子有时间的话，最好把这些知识理解透彻。

考前突击法的首要原则是：孩子应该充分利用时间，集中注意力复习，严格按照复习计划执行。

计划里应详细列举出重要事项和复习时间。比如考试的科目有历史和物理，物理比历史难度大，需要记忆的公式、原理很多，应该把物理安排在历史之前复习。

另外，还要合理安排时间，考前突击复习才能达到最佳效果。临阵磨枪，不快也光讲的就是考前突击法。

在这里，有几点建议供家长参考：

1. 帮助孩子整合资料

家长可以帮助孩子把资料整合一下，重点零零散散的不利于突击复习。如果有条件的话，最好是把这些重点全部整合成电子档，然后打印出来看。另外，整合完自己的资料，还可以收集别人的资料，这样复习才全面。或者组建一个突击复习小组，让孩子们分享彼此手中的资料，这样不仅可以完善各自的重点，还可以解决个人无法处理的问题。

2. 让孩子根据记忆规律记忆知识

不同时段的记忆效果是不一样的，要有针对性地安排复习计划。比如：如果早上七点到九点是最佳记忆时间，孩子应该在这个时间段里着重背诵那些记忆性科目，比如历史、政治等文科性科目。九点之后的时间，记忆效果在下降，孩子不应该背书而应该去复习类似数学这样逻辑性比较强的科目，这样突击复习的效果才能达到最大化。没有在最佳的记忆时间复习功课，复习的效果一定会大打折扣。

3. 让孩子以最佳的学习状态复习

考前突击复习的效果与孩子复习时候的状态是密切相关的。家长一定要告诉孩子，复习的时候要保持最佳状态。当孩子感觉疲惫的时候，就应该去休息。只有精力充沛，才能事半功倍。保证充足和高质量的睡眠是保证孩子拥有最佳学习状态的基础。

章节复习法

乔多然即将升入高三，但是学习方面有些跟不上。乔妈妈的同事有一个刚上大一的儿子，高中的时候学习成绩特别好，大学也是优等生，于是乔妈妈和同事说好，让同事的儿子李朗来帮乔多然补习功课。

李朗到了乔多然的家，首先问了一下乔多然的学习进度，以及乔多然的学习方法，以便为乔多然制订一份合理的学习计划。

李朗发现，乔多然喜欢长时间地看同一本书，如果碰巧遇到了难题，乔多然会花很多时间在这道题目上，这是一个很不好的学习习惯。李朗告诉乔多然，这种复习方式的效果是很差的，于是教给乔多然一种新的学习方法——章节复习法。

李朗不住校，周末和假期都会帮乔多然复习功课，并且学习新的知识，乔多然也逐渐发现章节复习法比他原先的复习方法好得多。

高三上学期结束的时候，乔多然的学习成绩有了大幅度的提高。

章节复习法使乔多然的学习成绩有了明显的提高。书籍分不同的章节，每一个章节里又有不同的小节。教科书的每个章节结束之后，都会有一个章末总结，孩子把章末总结梳理一下，就可以建立简单的树形知识框架。在复习的过程中，孩子可以采用章节复习法来完善自己的知识体系。

每本书开篇都有章节目录，目的是建立全书的知识框架，帮助学生更好地阅读，使行文更有层次性，便于学生理解。根据目录建立知识框架是一种效率极高的复习方式。

章节复习法的第一要点是建立知识结构。建立知识结构有多种方式：第一种，把每个章节的大标题、小标题，每个小节的大标题、小标题都记下来，然后再逐一把每个标题的内容补充完整，使这个知识结构变得丰满。第二种，借鉴别人的知识结构图，比如老师写的知识结构图。

在这里，有几点建议供家长参考：

1. 培养孩子学习的整体意识

章节复习法的本质是把握整体。每本书都有数个章节，每个章节的标题就是本章节内容的浓缩，章节的顺序也是作者精心编排的。所以，孩子看书的时候应该先把这本书的章节背下来。也就是说，孩子要有整体意识，这样才能把课本读透彻。把整本书的逻辑理顺之后，孩子应该把每个小节的内容串联起来，尽量把重点知识背下来。做完这些工作，孩子对这本书的理解就相当透彻了。为了孩子学会轮番复习法，家长应该培养孩子的整体意识。

2. 建议孩子自己建立"章节"

如果孩子已经把课本反复读了很多遍，书上的内容也记得差不多了，那么他就可以按照自己的理解建立知识框架，不必局限于目录。之后再看课本的时候，孩子会发现，那些不易理解的知识变得简单了，背的时候也没那么难了。久而久之，孩子的思维能力会得到提高，复习的效果会更好。家长要鼓励孩子，尝试着建立自己的知识结构图，如果孩子没有能力建立知识框架，家长也可以帮助孩子建立知识结构图。

3. 抽取重点，建立章节

详细阅读一本书之前，孩子应该先浏览一下全书，确定这本书的重点。考试考查的都是重点知识，任何测试都不会考查课本的全部内容。看完目录，孩子掌握了全书的重点，可以取一张纸，根据自己的记忆，画出思维导图，然后再翻书，修改错误。

抽取重点内容，建立知识架构，然后根据知识结构图创建新的章节目录，是一种比较新颖的章节复习法。这种方式可以大大削减书籍的"厚度"，使孩子的复习效率更高，也提高了孩子总结归纳的能力。

讲究策略，打效率战

嘉兴某中学初三（4）班的女生姜依今年中考成绩为746分。姜依认为从初二阶段开始的复习策略帮了自己的忙，而学会使用这些复习策略也从一次教训开始的。

那是初二时的一次期末考试，因为要复习的知识点很多，姜依感到很吃力。直到考试来临，姜依还有好多的知识没来得及复习。结果，一直名列前茅的她这次排在班级20多位。姜依为了不再犯这样的错误，虚心地向老师请教复习的方法和策略。同时，她也开始及时将错误的习题记录下来，在中考前的复习中这些错题本让她省下不少时间，也让复习效果更好。

姜依说自己在学习的时候绝不想着玩，这样的好习惯可以让身心都很投入，也促进了复习效率的提高。

姜依的母亲认为姜依能考出好成绩的主要原因是各科成绩比较平

衡，复习效率高。姜依的班主任岳某认为"善于听取老师的复习建议
提高了复习的效率"是姜依超出其他同学的一个主要原因。

　　总复习阶段时间短，复习内容面广量大。开始，姜依没能完成庞大的
复习任务，导致最后期末考试成绩不理想。后来，姜依改变了复习方法，
制订了复习策略，既减轻负担，又提高效率，最终在升级考中取得了优异
成绩。可见，讲究策略是提高复习效率的前提。

　　复习是孩子把平时所学的孤立的、零星的知识串联成完整、系统的知
识体系的过程。这个过程中会有大量的知识点需要梳理，孩子的时间精力
有限，如果没有一个行之有效的复习策略，很可能会影响孩子最后的考试
成绩。

　　因此，家长要在平时帮助孩子学会高效的复习，让孩子清楚地了解考前
复习的基本思路，掌握一些复习的策略和方法。以下几条建议供家长参考：

　　1. 让孩子把知识梳理成网

　　编织知识网络可以最大限度地提高复习的效率。例如物理所考查的知
识点共计100多个。若让孩子把这些知识点的内容准确地"背"下来，确
实很困难。如果把知识点整理成网络，孩子在记忆和理解的时候就会方便
很多。

　　有个高考状元说："基础扎实与否直接影响着你的高考成绩。许
多无谓的失分往往归结到基础不够扎实。在最后复习阶段，你不妨在
脑中构造一棵'知识树'。例如物理，你可以按照力学、热学、电磁
学、波动光学与原子物理逐一展开。倘使你感到哪些方面变得含混不
清，那说明你对某一个知识点或者整个框架体系的了解还不够透彻，
那么你下一步复习的重点将变得更加明确。"

高考状元也是从知识结构开始练基本功的。家长要帮助孩子像穿珍珠那样把知识结构梳理成网，形成知识体系。这样孩子能够比较清楚地了解本科知识的全貌。

2. 孩子考前做习题有策略

接近考试，孩子的时间是很紧迫的。这个时候孩子就不能漫天做题，求难求多了。家长要帮助孩子制订策略。

（1）做题不在多，孩子真懂才成。考试中的典型题目，难度不大，没有偏、怪、过难的题目。孩子得分低的原因是速度慢，准确率低。正确的做法是在熟练掌握基本方法的基础上，提高准确率，加快解题速度。

（2）孩子做中等难度习题要规范答题。许多孩子考前片面追求难题，不注意规范表达。这样就制约了孩子成绩的提高。"细节决定成败"，家长要教育孩子把中等难度题目按照解题要求规范化书写。

（3）孩子应学会改正习题中的错误。每当孩子做题时犯错，家长要让他分析原因并且记下来，掌握错误的类型。熟悉之后孩子就不容易再犯同样的错误了。

3. 孩子制订复习策略的原则

宋代大诗人陆游教训他的儿子时说"汝欲学做诗，功夫在诗外"。同样的，考前复习时，家长也要教育孩子跳出知识的局限，让孩子掌握运用知识解决问题的策略。这种复习策略的原则有以下3点：

（1）趣味性原则。热爱学习的孩子，才可能复习好。为孩子的复习增加趣味性，孩子才能在复习过程中保持热情。这样，孩子复习的效率会越来越高，复习的效果会越来越好。

（2）整体性原则。每一阶段的复习，家长都要帮助孩子对知识、方法有一个整体的认识和把握，让孩子知道各个部分知识之间的关系。例如，家长可以让孩子用框架图和目录来把握整体知识，以及其他知识之间的联系。

（3）处理好学与问的关系。俗话说："学问学问，一半靠学，一半靠问"。其实向他人求教也是有"学问"的。一般孩子习惯将自己不会做的习题告诉老师或同学，然后等着别人给讲解。这是一种没有针对性的求教方式。家长要指导孩子将自己想不明白的内容向老师或同学叙述一遍，这样老师或同学才可以有针对性地解决孩子的问题。

三轮复习迎战大考

某市中学学生刘琦中考成绩优秀，顺利升入该市重点高中。

刘琦说："复习一定要有计划，跟着老师的复习计划走，但不完全依赖老师。"

刘琦说，他在初三的时候也尝试过不同的复习方法，但是一些通过熬夜来争取时间的方法并不适合他，这会影响第二天的上课效率。他与大家分享的复习"妙招"就是紧紧跟着老师的复习计划走。如果还有多余的精力，再针对个人知识薄弱的环节进行复习。"跟随老师的复习计划非常重要，一定要保证跟上老师的节奏。"刘琦说。同时，刘琦还建议大家，平时有时间的话，可以多看一些优秀的课外书，多看课外书可以放松紧张的心情。

刘琦的老师带领他们进行复习的方法是"三轮复习法"。在第一轮复习时，老师带领他们梳理课本知识、夯实基础、稳扎稳打、消灭盲点。在第二轮复习时，老师带领他们进行专题复习，并对每个专题内的考点、命题类型进行归纳整理。在第三轮复习时，老师让他们以中考题及模拟题为主，回抠教材，查缺补漏，进行强化训练。

刘琦紧紧跟着老师的复习计划进行复习，对基础知识和考试技巧的掌握都有了很大的进步。最终，他取得了优异的考试成绩。

三轮复习法是大型考试之前被学生们广泛采用的一种复习方法。刘琦的考试秘诀就是成功地应用了三轮复习法。在重要考试来临之前，家长们不妨也让自己的孩子利用三轮复习法进行复习。

三轮复习法把孩子的复习时间大致分为三段，每段时间里的复习目的各有侧重，时间长短也各不相同。孩子第一轮复习的主要目的是基础能力过关；第二轮复习的主要目的是综合能力突破；第三轮复习的主要目的是应用能力提高。

三轮复习各有侧重点，但并不意味着这三轮复习是互相独立的。其实，在孩子复习的过程中，巩固基础、难点重点突破和综合应用是相互渗透的，知识的积累是贯穿到复习的全过程中的。每轮复习中，家长都要为孩子精选练习题，既注重夯实基础又注重能力的培养。

为了让家长更好地利用三轮复习法帮助孩子取得优异成绩，以下建议供家长参考：

1. 第一轮全面系统复习

第一轮复习时，家长要让孩子复习基础知识。在这个过程中，家长要让孩子系统掌握基础知识、基本技能和方法，形成明晰的知识网络和稳定的知识框架。例如，家长可以紧扣考试知识点来提问孩子。结合实际情况，家长可以采用勤查、多问、多反复的方法帮助孩子巩固基础知识。

同时，家长要让孩子通过做大量的训练题来巩固学习成果。这一阶段，孩子的重心应该放在准确度上，力求让孩子吃透每一种题型，对于做错的题目要建立一个属于他自己的错题库。

2. 第二轮专题复习

第二轮复习时，家长要让孩子打破章节界限，进行专题式复习。家长要注意，第二轮复习不是第一轮复习的压缩，而是一个知识点综合、巩固、完善、提高的过程。孩子的主要任务是：完成各部分知识的梳理、归纳、糅合，使各部分知识成为一个有机的整体。

例如，家长可以让孩子分版块复习，两天为一个学习周期。还可以让孩子每周进行一次总结，对整个知识体系进行梳理。需要注意的是，不要让孩子陷入两个极端：一是将自己全部的时间都放在自己的劣势科目上；二是全盘放弃劣势科目。

3. 第三轮模拟套题训练和回归课本

第三轮复习时，家长要让孩子通过做模拟试题练规范、练速度、练准确性、练心理素质，全面提升孩子的应考能力。同时，家长要让孩子学会消化试卷、回归课本、整合信息、查漏补缺。这时，距离考试已经很近了，家长要让孩子通过试题训练掌握一些必备的应试技巧。

比如答题顺序，先做什么、后做什么、放弃哪些和如何有效使用排除法，等等。除了上述一些问题，家长还应合理安排孩子的饮食、休息等，将孩子的身心都调整到最佳状态来迎接考试。

高效记忆，高效复习

明明和洋洋从小是邻居，两家的家长关系很好，经常在一起交流两家孩子的学习情况。上小学时两家孩子的成绩都很优秀，性格也很开朗，爸爸妈妈都很放心。

渐渐地，孩子上了初中。家长们的话题常常是以孩子的成绩为中心。明明的家长在想到孩子的成绩时却常常会感到不舒服，在明明上了初三以后这种感觉越来越强烈。因为明明的考试成绩总是不理想。而洋洋每天看起来很轻松，学习成绩一直都保持在学校的前几名。

明明的班主任在和明明的爸爸交流孩子的成绩时说过:"这孩子很聪明,平时学习也很努力。可是在重要的考试里却老是考不出好成绩。你是他的爸爸,希望你回去可以和孩子好好沟通一下。"

明明的爸爸回家后和孩子谈了一次话,说:"明明,你一直以来学习都很努力,对于这一点我和你妈妈也很欣慰,自己的孩子学习这么努力。我和你妈妈希望你能考出好成绩。可是现在初三了,你的考试成绩却老是不理想,是不是因为初三学习节奏快适应不过来,还是学习方法不对?"

明明说:"爸爸,我觉得平时学习没有什么难度,老师讲的内容自己也能理解。可是不知道为什么我老觉得自己在考试之前记不住复习的内容。爸爸,我也不知道该怎么办。"

在我们的生活中有明明这种情况的孩子并不少见。平时学习成绩不错,可是在考试之前因为复习方法不正确,考试成绩总是不理想。这种情况出现的原因是多方面的。其中一个重要原因便是孩子没有掌握好考前复习的记忆规律,没有合理安排复习时间。

中学阶段的很多知识点,需要在学习时进行大量的记忆。俗话说:好记性不如烂笔头。记忆是学习的重要部分。孩子的考试成绩不理想很可能是孩子没有掌握记忆规律,没有合理安排复习时间。没有掌握记忆规律的学习很有可能让孩子在学习上"吃力不讨好",虽然花费了大量的时间和精力,可是学习效率依然很低。孩子学习努力考试成绩却不理想,时间长了会让孩子对学习产生一种抗拒心理,认为自己没有良好的学习能力。这对孩子成绩的提升是有很大危害的。

记忆是有规律可循的。德国心理学家艾宾浩斯研究发现,遗忘在学习之后立即开始,而且遗忘的进程并不是均匀的。最初遗忘速度很快,以后逐渐缓慢。他创造出著名的艾宾浩斯记忆遗忘曲线。家长们如果对这条曲线有所了解便会发现，孩子学得的知识如不抓紧复习，在一天后就只剩下原来的25%。随着时间的推移，遗忘的速度减慢，遗忘的数量也就减少。有人做过一个实验，两组学生学习一段课文，甲组在学习后不复习，一天后记忆率36%，一周后只剩13%。乙组按艾宾浩斯记忆规律复习，一天后保持记忆率98%，一周后保持86%，乙组的记忆率明显高于甲组。可见掌握记忆规律对于提高孩子的学习效率是非常重要的。

孩子的大脑是一个记忆的宝库，他们经历过的事物，思考过的问题，体验过的情感和情绪，练习过的动作，都可以成为孩子记忆的内容。例如，在学习上很重要的英文单词、短语和句子，甚至文章的内容都是通过记忆完成的。记忆的过程也可以说是一个从无到有的过程。在孩子一开始接触新鲜事物时会有一个初步印象，在之后的时间里孩子对事物的记忆呈现一个曲线变化的过程。一开始忘得很快，但如果孩子可以及时复习，那记忆的效率会大大提高。一般来说，在孩子中学阶段的学习中是学完部分知识再考试。那在考试前，孩子很可能对学过的内容已经忘了，考前复习既是一个回忆知识的过程，也是一个整合记忆的过程。

在家长如何帮助孩子根据记忆的规律合理安排复习时间方面，我们有以下建议供家长参考：

1. 了解记忆曲线，帮助孩子记忆

明明的爸爸和洋洋的家长聊天时，明明的爸爸说出了自己的烦恼：明明学习很努力可是考试成绩却总是不理想。洋洋的家长说："其实洋洋平时学习也不是很努力，可是洋洋很有方法。对学习的知识点他不会急着去记忆。而是先理解再隔三岔五地看看。在考试前洋洋会把以前学过的知识再回忆一遍。根据记忆规律进行复习。"

　　从故事中我们可以看出来洋洋在考前记忆方面显然更有方法。在平时的学习中孩子不用在刚接触新知识时就花费大量的时间记忆。而是可以先理解，再慢慢地回忆。人的遗忘是有规律可循的。艾宾浩斯记忆曲线告诉我们遗忘在学习之后立即开始，而且遗忘的进程并不是均匀的。最初遗忘速度很快，以后逐渐缓慢。孩子在学习中可以遵循这条曲线在学习一段时间后不间断地进行记忆。这样在考前可以更好地复习已学知识。

　　2. 依据科学方法，进行多方面复习记忆

　　1999年世界记忆学大会上公布了一个成果，是"关于艾宾浩斯记忆曲线的定性研究"，研究成果表明：在人类大脑记忆过程中，在某一时间内，会形成三种记忆，即感觉记忆、短时记忆和联想记忆。感觉记忆指孩子在看到一个事物的感觉，往往是会转瞬即逝的。感觉记忆之后还会有一个"短时记忆"，也叫"工作记忆"。这个记忆的延续时间也各不相同，大概在4~16个小时之间，时间比感觉记忆要长很多。比如说老师讲完课后，孩子在脑海中留下的记忆可以称为"短时记忆"。在这两个记忆消失的过程中，会产生一个长时记忆痕迹，这是我们最关心的东西，也是最有用的东西，你学习一个单词，学习任何东西，都希望可以长时间记忆，这时候联想记忆会发挥很大的作用。家长引导孩子了解并运用记忆方法对孩子根据记忆的规律高效记忆知识是有很大作用的。

　　3. 根据孩子实际情况，制订复习计划

　　在上文谈到的艾宾浩斯记忆曲线是艾宾浩斯在实验室中经过了大量测试后，根据不同的记忆数据，从而生成的一种曲线，是一个具有共性的群体规律。此记忆曲线并不考虑接受试验个人的个性特点，而是寻求一种处于平衡点的记忆规律。每个孩子都是独一无二的个体，因此家长在帮助孩子进行考前复习时应当根据孩子的具体情况而定。找到适合孩子的记忆方法。记忆的实际最佳时间一般来说是上午9~11时，下午3~4时，晚上9~10时。利用上述时间记忆难记的学习材料，效果较好。家长可以参考这些时间为孩子寻找复习时间。

基础为主，做题为辅

聪聪已经上初二了，一直以来学习很努力、踏实，可是成绩却不是很理想。家长认为孩子还小，不要给他太多压力，而且孩子一直以来在学习上都很努力，经常做题做到很晚。

进入初三以后，学习压力增大起来。聪聪本来活泼的性格也渐渐沉闷下去，父母也是看在眼里，急在心里。眼见初三的时间越来越少，聪聪的成绩却不见起色。班主任把聪聪的爸爸叫到了学校。主动和爸爸说起聪聪的学习情况："聪聪这孩子一直以来学习都很努力，人也很机灵，可能是在学习方法上出了问题。孩子有时候书本的基础没有掌握好就去做很多的题目。我希望你可以回家和孩子好好沟通一下。"

爸爸说："我和她妈妈对孩子的学习一向都是非常支持的。这孩子从小就聪明，常常认为那些简单的知识自己不需要怎么学就可以掌握。常常买很多题库题海之类的学习资料。看孩子学习这么努力，我们做家长的也不好说什么。可是中考就要到了，孩子的成绩却一直不理想。这我们也很着急。不知道该怎么办才好。今天回家我和孩子沟通一下。"

老师说："聪聪成绩不好的原因在于基础知识不牢固。大量地做题是'舍本逐末'。虽然孩子见识了很多题型可是基础知识没有掌握好，在理解题目方面还是有难度的。初一初二时期基础知识的重要性可能还没有显现出来，到了初三系统复习的时候孩子基础知识不牢固的劣势在考试成绩上就很容易看出来了。"

爸爸回到家以后，和聪聪聊起了他的学习情况："聪聪呀，你学习一直以来都很努力，这些我和你妈妈也看在心里。对于这一点我们也感到很欣慰，自己的孩子这么争气。平时你学习用的资料买了很多，也做了大量的题目。可是初三快到了，你的考试结果还是不理想，这样可不行啊。"

聪聪说："爸爸，我知道中学阶段的学习很重要，我也一直都在努力学习。平时买的题目我基本上都做过，无论难题还是简单题我也有做过总结，可是成绩老不见好，我也不知道该怎么办。考试的时候题型一变我就不知道该怎么回答了。"

爸爸说："你做的题目很多，可是对书本知识你有完全了解吗？老师讲课的笔记你有没有细心地记下来？聪聪，基础知识有时候比你做的题目更重要啊。毕竟考试题目是'万变不离其宗'啊。"

聪聪想了一会儿："爸爸，我觉得书本上的基础知识没有那么重要，考试不会直接考书上的知识。有老师讲课的笔记让我们参考和理解的。我觉得应该花更多的时间去做题才对。"

在我们的生活中，像是聪聪这种情况的孩子并不少见，孩子很聪明，学习也很努力，可是成绩却并不理想。对于这种情况家长们需要分析孩子的学习方法是不是出了问题。像是故事中的聪聪，平时做的题目很多，可是基础知识掌握得不牢固，导致题型一变就不知道该怎么办。

基础知识对于孩子的学习来说是很重要的，俗话说：万变不离其宗。孩子掌握了基础知识后，无论题型怎么变，解题时知道要考察的知识点在哪里，想要考出好成绩是很容易的。故事中的聪聪学习很努力，可是在方向上出现了错误。他把大部分的时间用在了做题上，但是聪聪的基础知识没有掌握好，这不仅使他做题感到很难，而且考试成绩总是不理想。在中学阶段的考试中，每套试卷的题目都会有所变化，尤其是中考，基本上不会出现题目一样的情况。即使孩子做过很多题目，如果基础知识不牢固的话还是不知道该如何解答。如果孩子的基础知识掌握得很好，无论题目怎么变，依然是可以解决问题的。

学习是一个理解和运用知识的过程，在这个过程中掌握好基础是非常重要的。只有孩子掌握好基础知识才能真正地应用到实际做题中去。有些家长可能认为，孩子做的题多了自然基础知识就掌握了。其实题目很大程度上是对知识点的提炼，依靠做题来掌握基础知识是很不明智的做法。题目的作用主要是通过练习让孩子灵活运用知识。可见，在学习中孩子应该以基础为主，做题为辅。

在关于家长如何帮助孩子培养"基础为主，做题为辅"的学习方法方面，我们有以下建议供家长参考：

1. 回归书本，细致梳理已经学过的知识

有些孩子认为书本不是很重要，那些知识一看就懂了，没必要花费太多时间。对孩子的这种想法家长应当及时予以纠正。书本上的知识虽然很简单，可对孩子的考试成绩来说是很重要的。在中学阶段的考试中一般考察的知识是基础知识。家长应当帮助孩子梳理已经学过的知识。比如说首先让孩子回忆一遍书本知识，看看孩子对书本知识能记住多少。然后是老师讲课的笔记，有没有做到完全理解与记住。最后家长引导孩子对书本和笔记等上面的重点进行回忆，看看孩子对重点知识能记住多少。

2. 合理选题，注重基础知识

家长可以引导孩子在做的题目上有所选择，多让孩子选择比较基础的题目作为练习。在做题的过程中如果孩子遇到不懂的问题可以自己去从书上找答案，看看是哪一个知识点自己没有掌握，这个知识点在书上或者笔记上的什么位置，有什么联系。这样孩子可以把基础知识与做题联系起来。

在掌握了书本知识以后再去做题，孩子遇到不会的题目也可以联系到自己已经掌握的知识。把自己已经学的知识与现在的解题方法融会贯通，不仅可以让孩子更好地掌握知识，也可以让孩子思维更加活跃，锻炼孩子的解题能力。合理选择题目，有取舍地做题，对于提高孩子成绩是很有帮助的。

3. 形成知识体系，注重试题归纳

基础知识在中学阶段一般指概念、公式、公理、定理等。掌握基础知识之间的联系、理清知识结构、形成知识体系，对于综合运用知识解题是非常重要的。在孩子的学习中家长应当有意识地培养孩子综合思考能力。在掌握基础知识的前提下进行适当的题目练习。在考前复习中以课本知识为主，以练习为辅。同样的内容可以变换出很多的题型和角度，不变的是基础知识，所以扎实掌握基础知识才是根本。考前复习基础知识要侧重宏观方面，注重知识体系。

考前复习主要是一个归纳总结的过程，孩子可以做一些典型题目，同时注重归纳总结，训练答题的策略。

第四章　各学科
考前复习方法

轻松复习语文基础知识

笑笑是一名高二的理科生，中考时他以优异的成绩如愿进入市里的重点高中。然而进入高中后，突然加大的学习难度，让笑笑一时难以接受和适应。一次模拟考试中，笑笑唯独语文成绩不及格，这让他十分苦恼。在仔细分析试卷后他发现自己的分数大多都丢在了考查基础知识的题目上，于是他找到语文老师，请教学习语文基础知识的方法。

老师查看了笑笑的试卷后，看着笑笑充满疑惑的表情，语重心长地对他说：

"你不用太着急，对于许多理科生来说，语文都是很难攻克的一关。我看了你的试卷，发现你的主要原因是对于语文基础知识的把握不够好。"

听到这里，笑笑点点头。老师接着说：

"但是语文基础知识不是一朝一夕就能掌握的，它是一个不断积累的过程。只有通过慢慢积累来丰富你的知识储备，你对于语文基础知识的掌握才能逐渐增强。"

和老师讨论过之后，笑笑一颗悬着的心总算放松下来。他决定按照老师交给他的方法去努力，尝试提高自己的语文水平，争取在下一次模拟考试中取得更好的成绩。

我们知道，语文是基础学科之一，而学习语文的关键就是要把握语文基础知识。案例中的笑笑虽然其他科目成绩优异，但语文成绩的不及格却给他带来极大的困扰。对于高中生尤其是理科生来说，语文能力的不足会给他们的学习造成许多不利的影响，甚至会影响他们将来的高考。因此，学好语文基础知识对于孩子来说十分重要。

语文基础知识是一个十分广泛的概念，包括语音、字词、句法、修辞、标点符号、文化文学常识、写作常识、诗文背诵等八类，可将其简单划分为字、词、语法三大类。在这三大类的学习中知识的积累至关重要，同时还需要孩子从细节入手，逐步把握每部分的重要涵义以及意义。

学好语文并不容易，很多人认为语文就是用汉语进行简单的日常沟通，其实不然。语文的内涵博大精深，绝不仅仅局限于我们所认为的那样，就是单纯地"说话"。学好语文不仅可以让孩子更加轻松地应对考试，对孩子将来的生活、工作都有极其重要的意义。

这里，我们提供以下三种方法供家长们参考：

1. 掌握字词的正确运用

掌握字词最简单有效的方法就是查字典，字典并不只是在遇到陌生字词时才能使用。孩子可以在日常生活中通过随时翻阅字典来掌握字词的正确使用方法。家长也可为孩子提前准备一个收集本，让孩子将平时学习中遇到的一些容易读错、写错的字记录下来，每晚睡觉前取出收集本对一天所记录的内容进行复习，这样可以增强孩子对新知识的记忆，以免下次出错。再者，孩子可以通过对同音字、异体字、古今字的区分来掌握字词，这一点也适用于古代文言文的复习。

2. 将语法规则融会贯通

语文语法对于句子的使用要求十分严格，因此孩子在复习过程中应该不断提高语法水平。一个十分简便的方法就是找出自己写过的作文或句子中的错误，并对其进行修改。在修改中不仅可以查漏补缺，发现自己的易错点，还可以通过修改病句的方法来提升孩子的语法能力。另外，在平常的写作中多写长句可以锻炼孩子的逻辑和语法能力，这对于提高孩子的语文基础能力也十分有帮助。

3. 背诵古诗文或优秀例文

背诵课本中的古诗文或优秀例文对于孩子提高语文水平也有十分有效的积极作用。它不仅可以提高孩子的语言文字能力、写作水平，更可以提高孩子的记忆力，增加孩子的文化积累并提升语文素养。然而对于许多孩子来说背诵是一件比较困难的事情。这时就需要家长时时监督孩子的背诵情况，按时对孩子的背诵进行检查。其次，家长也应注意培养孩子正确的背诵方法。死记硬背不仅不利于孩子的背诵，还会让孩子对背诵失去兴趣，反而不利于提高孩子的学习能力。

学会解读古诗词

市里召开了一次古诗词交流会，许多家长前来参加。

"家长们、同学们，欢迎你们来参加我们的古诗词交流会。今天让我们就古诗词的学习问题进行热烈的讨论吧。"主持人话音刚落，一位母亲就迫不及待发言了，她站起身说："我的孩子在小学背诵了很多古诗词，语文也学习得很好。可是等他上了高中，语文成绩却一落千丈，尤其是古诗词的部分，他一窍不通。这是怎么回事呢？"

一旁的一位母亲点点头说："是啊是啊，我的孩子以前也是出口就能背诵几篇唐诗的，现在却是问什么都不会。甚至连以前背过的唐诗，她都有很多不明白的。"听完这话，许多家长都小声嘀咕起来，表示这样的情况自己家的孩子也有。

主持人站起来对大家说："看来父母们都遇到了同样的情况，那么我们找一位孩子来让他讲讲他在古诗词学习中的困扰吧。"他随手一指，一个戴着眼镜的男生便站起身来说："我的情况和之前两位家长讲的差不多，我觉得小时候对古诗词大多都只是简单地背诵，现在简单地背诵已经不能满足我们的学习，而我们又没有学会解读古诗词的方法，所以学习能力渐渐变弱也不无可能。"

交流会很快就接近尾声，主持人作总结性发言说："这场交流会进行得很顺利，父母们也讲了自己孩子在古诗词学习中遇到的问题，其实这是一个很普遍的问题。像那位孩子所说的，在小的时候，他们对于古诗词只是背诵，而现在，单纯地背诵对于他们解读古诗词是起不了什么作用的。其实要想学会古诗词，解读才是最重要的。"

在这场交流会中，父母和孩子们都指出了同样的一个问题，那就是由于孩子对于古诗词的解读能力不够，以至于他们在学习古诗词的过程中出现了很多障碍。古诗词的学习看似简单，很多人认为只要背诵下来就足够了，但其实这是远远不够的。像案例中的主持人所说的那样："要想学会古诗词，解读才是最重要的。"

叶嘉莹教授曾经说过："其实诗的好处，你是终生受用的。"确实如此，诗是我们中华民族五千年文化的结晶，学习古诗词不仅能使人聪颖灵巧，更重要的是使人远离庸俗，变得更加高雅。学习古诗词还能够陶冶一个人的情操，造就和改变人的性格，使人的精神世界得到升华。因此，孩子们学习古诗词显得尤为重要。

然而对于孩子们来说，古诗词的学习却不是一帆风顺的。一方面由于古诗词的诗句精炼而意蕴深厚，另一方面也由于诗词语言与我们日常所用的语言相差甚远，学习古诗词对于孩子们来说总是困难重重。这些困难不仅会影响孩子们的学习成绩，也可能降低他们对古诗词的学习兴趣，这很不利于孩子的全面发展。

这里，我们提供了以下三种方法供家长们参考：

1. 通过了解诗人学习古诗词

不同的诗人有着不同的创作风格，了解诗人的生平经历、性格爱好、志趣追求等都可能对孩子们解读诗人的诗词提供很大帮助。现在学习工具十分丰富，孩子可以通过查阅相关书籍或者上网获取诗人的相关信息，如生平经历、政治抱负等，通过对诗人的了解来感受分析他们的作品。例如李白的诗清新俊逸，他的诗大多反映时代繁荣，但也常常揭露封建统治阶级的腐败和荒淫。他常常表现出蔑视权贵，反抗束缚和追求自由的精神。然而与他同一时代的杜甫却有着十分不同的创作风格，杜甫心系天下，胸怀国事，凡事为天下苍生着想，因此创作出《茅屋为秋风所破歌》等经典诗作。另外还有王维独特的山水田园诗，他的诗作中既有雄浑壮观的自然景象，又可见清逸雅致的山水画面。阅读他的诗总能聆听到他个人心灵的独白，也能从中了解到时代思潮在诗句中的体现。

2. 通过巧妙分类学习古诗词

古诗词的分类方法有很多种。按照内容分类可分为送别诗、边塞诗、山水田园诗、怀古诗、悼亡诗等，按照语言风格可划分为豪放派和婉约派等。通常不同分类下的不同诗歌有着不同的情感表达。如送别诗常常用来抒发诗人的离别之情，或表达诗人对友人的依依不舍之情，又如怀古诗常常以历史事件和人物为题材，借登高望远、怀想古人来实现诗人托古讽今、寄托哀思等目的。通过将古诗词分类学习来掌握不同类别的古诗词，有助于孩子更好地解读古诗词。

3. 通过模仿创作学习古诗词

通过模仿创作诗歌可以提高孩子对于诗歌的理解、提升他的语言能力，同时也可以培养孩子的想象力和创造力。古诗词的创作有固定的格式和规律，教育孩子通过模仿创作新的古诗词是学习古诗词的一个很好的方法。创作可以先从简单的四言诗开始，起初不必严格要求押韵。然后慢慢地将难度提升，教孩子开始创作五言诗、七言诗。创作的前提是大量的阅读，因此家长最好首先要求孩子每日阅读一定量的古诗词，其次要教育孩子把阅读中遇到的好诗句记录下来，对这些好诗句进行部分词语的改写，这也是一种模仿创作的过程。

掌握文言文学习技巧

"同学们，下节课我们会讲一篇文言文：杜牧的《阿房宫赋》。老师希望你们能够提前预习一下，争取靠自己的努力将它翻译出来，好吗？"老师手拿语文课本，看着同学们期待地说。

两天后，语文课到了。上课铃刚响，老师走上讲台问大家："我给你们安排的任务完成了吗？"话音刚落，教室里瞬间安静下来。老师有些失望地说："难道没有人完成吗？"这时，班里的学习委员站起来轻声说："老师，文言文翻译太难了，我们很多同学都尝试了，可是都只能翻译出其中几句。"老师摇摇头，示意他坐下。

"同学们，我们都知道文言文是语文学习中的一个难点，有困难十分正常。但是想要学好文言文，单靠老师的讲课是远远不够的，还需要你们在课前课后认真预习和复习。如果因为有困难就放弃，那么你们又怎么能学会文言文呢？"老师语重心长地说，"这样吧，我再给你们一天时间，下一节语文课时我会检查。有不懂的地方很正常，但是不能因此而放弃。好吗？"同学们听后异口同声地说："好！"

第二天的语文课上，大家果然全都完成了任务。虽然仍然有许多内容翻译不恰当，但老师还是表扬了他们，并鼓励他们再接再厉。

像案例中的同学们一样，文言文的学习对于很多人来说都是比较困难的，但是这并不意味着文言文的难关他们无法攻克。相反，只要付出努力，文言文一样可以学好。对于高中语文来说，文言文占了相当大的比重，这也促使着学生们不断提高对于文言文学习的重视。

文言文是相对于白话文而来的，它最显著的特点就是以文字为基础，写作、内容多含典故、巧用对仗、音律工整。学习文言文并不容易，其中字义的辨析、字音的解读以及各种句式的灵活使用都需要孩子用心去掌握。文言文的学习在语文学习中有着很重要的地位和作用，它不仅是中国古代的一种书面语言，更成为古代社会人们读书识字的象征。

然而，也正是由于文言文不同于白话文的说话方式，让很多孩子在面对文言文时不知从何下手。"读不懂"成为文言文学习中最为常见的问题。学会文言文不但有助于提高孩子的语文成绩，更有助于培养孩子的文学功底，让孩子从中学会许多修身、齐家、治国、平天下的有用理论。那么，究竟如何才能让孩子轻松掌握学习文言文的技巧呢？

这里，我们提供以下几种方法供家长们参考：

1. 回归教材，巩固书本知识

回归教材是学习文言文最直接的方法。教材中所选定的都是一些难度适中、篇幅适中且适合高中生学习的文言文范文，回归教材对于提高孩子的文言文基础水平有很大作用。教材中的文言文知识足以让孩子对文言文的整体脉络与基本框架有一个大概的了解，这样孩子在接触到陌生的文言文时才会更加得心应手。同时也需要孩子在课堂的学习中不断领悟学习文言文的关键。关键之一是句式语法，这是构成文言文的基础之一，也是最难懂、难学的部分。关键之二在于字词的积累，古代汉语与现代汉语在字词的意义上存在很大的不同，这就需要孩子在平常的学习中增加积累，不断丰富文言文基础知识储备。

2. 拓展课外阅读

学习文言文单靠课本上的几篇是远远不够的，这就需要孩子在课堂外不断阅读新的文言文。在与文言文的不断接触中，孩子可以锻炼和提升自己对于文言文总体大意的把握能力，提高自己的翻译水平。但是阅读也不能盲目，孩子需要学会找到适合自己阅读的文言文才能事半功倍，否则只是"白用功"。家长可以帮助孩子买一些正规出版社出版的文言文选集，为孩子挑选出适合孩子阅读的文言文。一些篇幅过长、生词过多、难度过大的文言文，反而不适合孩子的学习。

3. 归纳整理字词

文言文不像白话文那样容易读懂，在孩子学习文言文的过程中，最大的障碍其实就是字词的翻译。很多孩子面对文言文的翻译都是一头雾水、难以下手，其实这是由于孩子缺乏对文言文字词系统整理的缘故。孩子可以配合着课本和一些好的参考资料，整理出一些常用实词和虚词的使用方法。如果能力允许的话孩子还可以尝试运用自己整理到的字词进行简单的文言文创作。这样既可以锻炼孩子对于文言文字词运用的能力，也可以提升孩子的文言文写作能力。

轻松写作文

小刚是一名高二的文科生，作文写作一直是他的弱项。丫丫是小刚的表姐，学习成绩一直很好。为了提高自己的写作水平，小刚急忙找到丫丫请教作文写作的技巧。

谈到自己写作的问题，小刚很是头疼地对丫丫说："其实看到题目我总有很多话想说，可是一拿到笔就不知道要写什么了。老师给我们讲过很多作文写作的框架，例如'五段三分式'等，可是对我好像很不适用。我不喜欢一板一眼地按照步骤去写作文，可是不那样的话，写出的作文又得不了高分。"丫丫听后，说："写作文首先是要写出你自己的真实感受，其次再去考虑那些外在框架。只要你的语句写得优美，老师也不可能会因为你的结构不符合'五段三分式'而扣掉你的分。你的作文写得不太好，很大原因还是在于你的用词和造句不过关。不能只归咎于结构框架，这才是关键原因。"

小刚还是不懂该怎么办，他继续问道："表姐，你以前写作有过什么不懂的地方吗？又是怎么解决的呢？"丫丫笑着说："怎么可能没有呢？我从前的作文也写得不好，高考快到了我变得越来越急，最后我索性不敢动手写了。后来我去书店买了十几本作文书去读，一开始觉得没什么，可读得多了，提起笔来总想写点句子。慢慢的，我就不再惧怕写作了。"

案例中的小刚因自己的作文写得不好而郁郁寡欢，他将作文得分不高的原因归咎于自己作文的结构和框架。作文写作的确一直是很多高中生眼中的难题。尤其对于部分理科生来说，作文更像是一道难以攻克的难关。

作文写作的要求繁多，优秀作文不仅要有一定的段落结构，更要求语言通顺、逻辑正确。段与段、句与句之间的衔接也是一大难点。好的写作能力并不是一朝一夕就能练成的，这在于不断地练习和积累。孩子只有在不断的学习和练习中掌握写作的技巧和关键，作文写作才能更加得心应手。

学会写作不仅可以提高孩子的学习成绩，对于提升孩子的思维逻辑能力、想象力乃至个人文学素养都具有十分重要的意义。教会孩子写作不是简单的、一朝一夕就能实现的事情，需要老师和家长的共同努力。

这里，我们提出了三种方法以供家长们参考：

1. 广泛阅读，取长补短

广泛的阅读不仅可以拓宽孩子的视野，还可以增长孩子的见识、为写作积累大量素材。完成一篇优秀作文的关键不单单在于孩子遣词造句的能力，也在于优秀素材的积累，因此阅读是提高孩子写作能力的一个绝佳方法。首先父母应该为孩子提供多种类别的书，让孩子广泛吸收新鲜知识；其次在阅读时，孩子应该认真学习他人写作的长处及优点，以此反观自己的写作，达到取长补短的作用。

2. 掌握不同类型作文的写作方法

作文写作并不是一成不变的，尤其在高考应试作文中，更有好几种作文考试类型。将作文进行简单分类，可以大概分为话题作文、命题作文和材料作文三种。话题作文是先提出一个话题，要求孩子以这个话题为中心选材写出作文。话题作文的写作较为自由，主题不限、体裁不限，可以给孩子更为广阔的发挥空间。但要注意不能天马行空，写作时一定要以给出的话题为中心。

命题作文是指给出一个固定的题目，要求孩子围绕这个题目写出一篇文章。这类作文写起来不易偏题，但创新才能出彩，这就要求孩子在写作时需从更加独特的角度入手，达到让人耳目一新的效果。材料作文则是给出一段材料，要求孩子从材料中找出中心论点以此进行写作。材料作文的写作关键在于阅读材料，这更加需要孩子在日常学习中不断提升阅读能力。

3. 养成写日记的好习惯

高中学业繁忙，孩子可能很难抽出时间专门进行作文写作练习。这样一来，写日记就成了练习作文写作的便捷方法。首先写日记能够记录孩子一天中的生活，保留人生的记忆宝藏，为作文写作积累素材；其次在写日记的过程中孩子可以不断练习自己遣词造句的能力，也能够提升写作水平；最后，写日记的过程往往是孩子抒发自己真实感情的过程，久而久之也会让孩子投入感情地写作，这对于练习写作是十分重要的。

数学，这样复习更有效

琳琳今年上高二，是个学习努力的小姑娘。平时听课认真，作业也按时完成。但她的数学成绩却一直很难提升。

期末考试快到了，大家都在进行复习，琳琳也不例外。这回，她把复习的重点放在了数学上，希望多花点时间巩固数学知识，提高数学成绩。她像以往一样，开始抄写、背诵书上的公式，也花了一些时间做练习题。本以为自己复习得不错，但当琳琳做模拟题时才发现，自己还是有很多题目不会做，而且有些简单的计算也出错了。这让她很是沮丧。

发现琳琳不开心，爸爸便询问她怎么回事。听了琳琳的讲述，爸爸对她说："琳琳，其实你的复习过程有些问题。比如数学是理科，重在理解，你却只顾着背公式，忽略了理解过程，这对你不会有什么帮助的。而且你做题时总是有了思路就停手，不去一步一步做，这就导致你不熟练，容易在计算上出错。我看你还是调整一下你的复习方法吧。"

爸爸的话提醒到了琳琳，她这才意识到自己的复习方法有问题，没有考虑到数学这门学科的特点。在爸爸的帮助下，她调整了复习数学的方法，做题越来越熟练。期末考试中，她的数学成绩有了不小的提高。

案例中的琳琳在复习数学时没有针对数学这门课的特点复习，导致对知识的理解不够深入、不注重计算过程导致做题不熟练，等等，成绩得不到提升。在爸爸的帮助下，她调整了复习方法，成绩有了很大的进步。

在很多学生看来，数学是一门比较复杂的学科，不管是平时的学习还是考前复习，都会有些吃力。其实，只要抓住这门学科的特点，制订合适的复习计划，完全可以达到很好的复习效果，提高数学成绩。家长要像案例中琳琳的父亲一样，教孩子针对数学的特点来复习，提高成绩和学习能力。以下建议供家长参考：

1. 提醒孩子，复习时在理解并运用知识的过程中进行记忆

数学属于理科，涉及的知识繁多且比较复杂。与其他学科不同的是，考试时这门学科重在检验学生对知识的运用情况，以一些题目来"间接"考查，而非直接考查。这就要求学生能理解所学知识，而不是简单的记忆。

对此，家长要提醒孩子，复习数学的过程中重在理解并学会运用，而不是死记硬背。可以让孩子从课本开始复习，理解每个公式的含义及其适用范围，知道该如何把应用题目转换为所学知识。只有这样，才能达到事半功倍的复习效果。

2. 让孩子通过习题复习，但不要陷入题海战术

数学这门学科，重在掌握知识的应用。因此，只阅读课本上的知识是不够的，还需要做些习题来检验自己是否掌握了知识的运用，同时加深对知识的理解。做题还能让孩子提前体验考场，不会在真正面临考试时紧张。

因此，家长要让孩子有计划地做些题目来练习。当然，不能陷入题海战术。最好能让孩子把题目进行分类，知道其考查点在哪里，再遇到同种类型的题目就不必再做。同时还要提醒孩子在做练习的过程中自己总结规律，达到举一反三的效果。一些孩子认为做题时有思路就足够了，不需要再做详细的计算。对此，家长要让他们一步一步去做，从而提高熟练度和计算能力。

3. 让孩子在考前为自己安排"模拟考试"，加快做题速度

很多高中生数学成绩得不到提高的原因之一，就是他们做题的速度太慢，导致考试时总是来不及把题目做完，影响到成绩。一方面，这是由于他们对知识的运用还不熟练，另一方面则是由于他们过于紧张，影响到了答题速度。

对此，家长要让孩子学着在复习的过程中便有意识地提高自己的做题速度，并适应考场氛围。在复习数学的过程中，家长可以让孩子为自己组织"模拟考试"，以考试标准来要求自己，为自己设定好时间。这样做不仅能够增强孩子的时间观念，让他们做题时效率更高，还能让他们提前适应考场，不会因考试时过于紧张而影响到发挥。

轻松背英语单词

星期五下午，潘潘开心地拿着英语考试的奖状一蹦一跳地回到家里。发现爸爸正在客厅里忙东忙西。

"爸爸，你别再往东西上贴写满英语单词的便利贴了行吗？我的哆啦A梦都快被你'埋没'了。"潘潘一回家就对埋头抄单词的爸爸抱怨。

"潘潘，你看，这是你昨晚听写写错的单词，这是你要背的下一个单元的单词。"爸爸抬头看着嘟着嘴的潘潘，伸出手让潘潘看他手里的便利贴。

"哎，我不需要那些啊，我自己拿书去背就可以了啊，把家里贴得到处都是多碍眼呀！"潘潘拿着爸爸手里的便利贴要往爸爸的额头上贴，被爸爸麻利地闪开了。

　　"其实只要你能背下怎样都行，不过我觉得你那样背效果没这样好而已，我这样做不仅能让你随时背单词，还能提示你要背单词，这样你就不会松懈呀。"爸爸理所当然地说道。

　　在爸爸的"非同寻常的勤劳耐心"的帮助下，潘潘的英语成绩开始朝好的方向发展，而潘潘的英语能从班级中等水平突然冲刺到了班级的前五名，也都得益于她那位"勤劳"的爸爸。

　　单词是英语最基础的组成元素，当单词的积累量达到一定的程度的时候，孩子才能高效率地完成相应的题目，所以，单词的积累量是影响英语考试成绩的重要元素之一。但是背单词跟吃饭一样，要一口一口来。潘潘的爸爸正是因为知道了这个道理，所以才将孩子还没背熟的单词抄下来贴在显眼的地方，让孩子看到的时候顺便记一下。这样积少成多，潘潘的单词量就慢慢地增加了。

　　许多家长和孩子都知道，其实背单词并不难，只是需要长期坚持，同时加以技巧就能让孩子更迅速更深刻地把单词背下来。

　　可是孩子大多都很难平静下来记忆单词，因为孩子注意力集中的时间并不长，而许多孩子又不喜欢没有规律也没有乐趣的单词，所以本来每天花半个小时就可以记下的单词在孩子看来十分困难，那么怎样让孩子多背单词呢？以下是一些可供家长借鉴的帮助孩子记忆单词的建议：

　　1. 教孩子使用国际音标记忆单词

　　国际音标对于英语就像拼音对于中文，当我们能把拼音拼出来的时候就基本知道大概是哪个字。英语单词的发音都与相应的组合或者字母对应，如果孩子记得国际音标常对应的字母或组合是哪一个的话将大大减轻背单词的难度。

　　利用国际音标记忆单词还可以帮助孩子通过大声读单词来加深印象，快速地背下单词而且能够准确地发音。

2. 引导孩子充分利用零碎时间来背单词

孩子的零碎时间是很多的，可是许多学生都不正视这些"额外"的时间，其实大部分"不能用来学习的时间"都是可以利用的。比如上厕所的时候可以把与厕所相关联的英语单词记下来；等人的时候可以用小卡片随手翻看背单词；听音乐的时候可以通过理解句子大概意思来背单词……日积月累，即使一天能多背下3个单词，一个月也能背下90个单词了。

另外，家长可以通过实际行动帮助孩子充分利用零碎时间，就像潘潘的爸爸一样，让孩子在家里随时可以看到单词，即使只是瞥了一眼却也能有印象。

3. 教孩子合理使用工具书帮助记忆

许多单词本上都会附有单词的词根或者相关图片、句子之类的帮助背单词的小技巧，家长可以教孩子使用工具书，让孩子通过联想、想象来记忆单词。家长可以带孩子到图书馆去借阅，充分利用资源；也可以去买孩子喜欢的单词本（有些孩子喜欢附图的，有些孩子喜欢背景比较可爱的），让孩子可以每天面对他喜欢的单词本。

有些家长只给孩子买了工具书，却没有让孩子物尽其用。有时，家长如果不教孩子，孩子就可能不知道哪些不需要看、哪些该怎么看，导致孩子错误地使用工具书。所以，家长应该教孩子使用工具书，让孩子充分利用资源。

4. 引导孩子欢乐背单词

很多时候，家长可以利用周围环境来帮助孩子记忆单词，比如去动物园的时候孩子对动物充满了好奇心，这时候家长就可以利用给孩子介绍动物的机会让孩子将那些动物的英文名记下，看到氢气球的时候就告诉孩子氢气球的英文名是什么，开玩笑的时候用英语来逗乐也能够让孩子对单词有较深的印象。

除此之外，家长还可以通过让孩子观看英语动画片、电影来记忆单词，既让孩子获得乐趣，又让孩子对单词有印象，而且还能培养英语语感。

让语法复习不再是障碍

这段时间兰华在为即将到来的英语考试紧张地复习着，大部分同学都在埋怨英语语法太多太乱不好记，可是她却没有那样的烦恼，因为每周回家，兰华的父母就会交给她一张精心设计的时间安排表。

当兰华第一次看到那张表格的时候十分不解，惊讶地问道："爸、妈，你们是趁火打劫呢吧，我都已经够忙的了，你们还给我弄出个安排表。"

爸爸说："这个是我们根据你的复习习惯和你上课的学习进度还有我们复习语法的经验给你安排的时间表，不占用你太多的时间，但是会更有效。"

兰华半信半疑地看着表格，发现里面不仅把语法分成几个大部分来按时间复习，而且每一个难点都特别注明，还标明了复习哪个知识点用哪一本工具书最好，甚至还标注了知识点的页码。兰华抱着尝试的态度按照表格复习，欣喜地发现语法不仅变得有条理了，而且，因为完善了知识体系，大大地减轻了学习压力。

由于英语语法很多而且很复杂，所以许多孩子都不能迅速地把语法全部记下，可是，学习英语语法并不是没有捷径，就像兰华那般，在父母的精心帮助下有规律有技巧地复习，大大减轻了复习压力。

许多孩子并不是没有学习英语的天赋，只是因为"当局者迷"，使得他们自己找不到方法。考试前对英语语法的复习能让整张英语知识网更加完善，能帮助孩子提高答题正确率，能帮助孩子更深地理解英语使用方式。其实，大部分老师教学时都把英语语法分类归纳，这样就能让繁杂的英语知识点变得有条理，方便记忆。可是因为学习时受各种因素影响，孩子记住的知识点并不全面，让他们搞不清自己的弱点在哪里，这时候父母就可以帮助孩子认清现状。以下是一些帮助孩子复习英语语法的建议，可供家长借鉴：

1. 引导孩子背例句

许多孩子对于枯燥乏味的语法不感兴趣，背起语法来昏昏欲睡，所以有些孩子以为自己不喜欢英语，或者觉得自己没有学习英语的天赋，其实，大多数人都对缺乏感情色彩的干巴巴的语法提不起兴趣。

家长可以通过给孩子找一些容易背且实用或者含有孩子喜欢的元素（比如孩子喜欢唐老鸭，把例句的主语改成唐老鸭）的例句，梳理好后让孩子把句子写在语法的旁边以方便背诵。

2. 引导孩子分类复习

家长可以引导孩子将难记的知识点挑出来，再把这些知识分类，查漏补缺，帮助孩子理清思路，化繁为简。

分类复习可以按照老师建议的方式，大多数老师具有丰富的教学经验，所以老师建议的方式会适合大部分学生。但是分类复习并不意味着循规蹈矩，孩子在学习的时候记住的知识或许比较零散，这时候家长可以引导孩子用他自己的方式进行总结，方便孩子更轻松地复习语法。

3. 教孩子使用工具书

工具书记录的知识点很全面，而且有条理，所以孩子可以通过适当借用工具书，让考前紧张的复习更加合理。在使用工具书的时候，家长要教育孩子不要过于依赖工具书，而应该记住工具书里分类知识点的要素，方便再次复习的时候提纲挈领，节约时间，这样能更有条理。工具书还能帮助孩子理解一些难明白的知识点，当孩子对知识点完全熟悉了之后，就能很轻松地把那些知识点记下。

4. 教孩子学会归纳总结和重复复习

在不断的复习过程中，有些知识点总是记不扎实，所以，家长要及时监督孩子进行重复复习。还应让孩子定期进行归纳总结，进而将不记得的知识再次分类复习，同时将一些已经记得滚瓜烂熟的知识点移出复习内容，以减少负担。

孩子在不断的归纳总结中能知道自己的学习情况，有助于下一次考试的复习。

听力复习有高招

钟米无奈地摘下耳机，对着看得懂听不懂的英语听力卷子发愁。

这时候，钟米的妈妈进来问钟米晚餐想吃什么。看到忧郁的孩子，妈妈心疼地对钟米说："小米今天怎么了，看起来很不开心呀？"

钟米叹了口气，回答道："妈，英语月考又快到了。我英语成绩不好，总结之后我发现我和别人的主要差别就是英语听力的成绩，本来想回来好好恶补一下的，可是怎么听都没有起色。"

钟米是妈妈心中的乖孩子，看到孩子这么累，妈妈慈爱地说道："没关系的，不急，饭要一口一口吃，成绩要一步一步地提高。你要慢慢摸索，找到英语听力复习的方法，这样才能让你学习英语变得游刃有余。"

钟米更苦恼了，说道："我知道要有方法才能更好地学习，可是我摸索不出来呀。我英语差不是一天两天的事情了，所以我也一直在找适合我的方法，可是就是没找到。"

　　妈妈想了想，说："虽然我说的方法不一定适合你，但是你可以试试反复听同一份题，直到把那份题弄清楚为止，然后通过总结为什么做错、怎样快速理解句子、怎样找关键词来复习。"

　　在妈妈的帮助下，钟米的英语听力复习效率终于有了大幅度的提升，而且钟米在英语测试中拿到了非常好的成绩。

　　有时候，家长的宝贵经验可以帮助孩子提高学习效率，节约孩子在探索学习方法上花的时间。正如钟米勤奋好学，却因为来不及找到最佳方法复习，使得听力拖了英语成绩的后腿，但是在妈妈的建议下，他尝试新的方法来复习，终于在考试中取得好的成绩。

　　大多数家长经历的事情都比孩子多，在经历了许多事情之后拥有了比孩子更理性的思维，可以帮助孩子梳理头绪。大量的考试并不是没有用，孩子可能因此在考试中增强了抗压能力、适应了紧张的考试氛围、掌握了最佳的时间分配，而考前的复习则是这一切的前提。考试前的复习时间紧迫，所以，这时候家长便需要帮助孩子，让孩子从迷茫中跳脱出来，进行高效率的复习，以下是一些可供家长借鉴的、帮助孩子考前复习英语听力的方法：

　　1. 让孩子通过题海战术培养语感

　　题海战术是一个"历史悠久"的战术，许多老师都喜欢用题海战术，说明题海战术对于大部分学生来说是值得试用的。家长在英语的考前复习中，监督孩子在可承受范围内大量地练习题目，从而培养孩子的语感，让孩子能更快速地理解单词、句子的意思；题海战术还可以让孩子在大量的题目中通过比较获得许多有用的信息，比如有一些题目可以通过题目和答案选项进行比较从而排斥某个答案，让孩子即使没有百分百听懂听力内容也能有更高的答对率。

当孩子多次重复练习英语听力的时候，能够在紧张的学习过程中更好地把握时间的分配，还可以让孩子适应考试时压抑、紧张的气氛，让孩子能够正常发挥甚至超常发挥。家长可以在考试之前每天定时监督孩子定量复习，以帮助孩子在考试中获得好成绩。

2. 教会孩子抓住重点寻找技巧

听力题目可以分为几种类型，比如问什么时间、问什么地点、问人物关系、问某个人怎么了，等等，如果考试前有时间浏览试卷，就要趁机把题目里面的具有提示意义的词汇画出来，比如ABCD选项中答案都是人物的关系，然后听听力的时候就要注意说话的人的语气和提示词，比如在听听力中听到"Your teacher called me..."就有可能是老师叫家长去做了某事，也就是说说话的人的关系很有可能是家长与孩子。

每个人的做题习惯不一样，家长可以引导孩子在复习过程中更加了解自己，让孩子知道怎样能更容易地正确抓重点、听重点，怎样能更快地找到重点。

3. 引导孩子做全真模拟提高抗压能力

为什么平时能做对的题、平时能听懂的句子在考场上经常失误呢？大部分的原因都是考试的时候孩子过于紧张，导致注意力不集中，反应时间过长。"习惯成自然"，孩子如果能在考前复习时也处于考试时的紧张状态，就可能让孩子习惯考场氛围，习惯考试时的紧张感，减轻心理压力，提高抗压能力，减少一开考就头脑空白、注意力不集中的情况，进而让孩子冷静地进行考试。

家长要让孩子保持良好的状态甚至超常发挥，不仅要监督孩子每天都适当地做全真模拟，而且还应该给孩子提供一个良好的模拟环境，帮助孩子进入状态。

掌握文科综合考前复习

浩宇是四川省一个实验中学的学生，他以语文107分，数学137分，英语142分，文综268分，总成绩654分的成绩考入一个重点大学。

浩宇取得优异成绩的关键在于他有一套适合自己的复习方法。不管是文科生还是理科生，综合科目的分数都是很重要的。浩宇通过自己平时的经验，摸索出了一套适合自己的文综复习系统。

首先，他认为文综的重点在于课堂笔记和溯源课本，不管高考怎么出题，始终还是源于课本的知识。把知识点理解透彻才是取得优异成绩的最佳途径。所谓"万变不离其宗"就是这个道理，结合自己的笔记，发现自己的疑难，并且及时解决，这是提高文综成绩最好最有效的方式。其次，要建立自己的知识框架。孩子建立知识框架的好处是：已经记住的知识点不容易忘记。

浩宇曾和其他同学说，老师上课讲的东西都是考点，所以认真听课也是非常重要的。

每一个高考状元为了取得理想成绩，都付出了很多努力。学习是一个积累的过程，大多数孩子的智力相差无几。浩宇也是一个普通的男生，他之所以在高考中取得优异成绩，得益于他有良好的学习习惯。只要养成了良好的习惯，孩子的学习效率就可能大大提高。文综成绩对于一名文科考生来说是非常重要的。

文综复习的重点是回归课本和建立知识系统。回归课本的意思是，孩子在复习文综的时候，应该以课本为主，以做题为辅，很多孩子热衷于题海战术，认为大量地做题可以提高复习的效率，对于课本则弃之不顾，这种舍本逐末的复习方式在短期内可能是有效的，比如模拟考试的时候因为曾经做过了一道原题，所以成绩提高了，孩子会很高兴，但对高考却不利，而且高考不可能出现原题，一切都是依据课本出的新题目。所以，回归课本才是文综复习的重点。

除此之外，建立自己的知识框架是复习文科综合的最佳方式。文综的科目包括：历史、政治、地理，这些科目需要记忆大量的知识点。很多孩子存在这样的问题：一个知识点反复背了几天记住了，没过几天又忘记了。这个问题令很多孩子头疼不已，而建立知识框架就可以完美地解决这个问题。

如果孩子建立了系统的知识点框架，遗忘的速度就会慢一些，加上合理地复习，这些知识点就会深深地印在孩子的大脑里。家长作为孩子高考复习的后援团，对孩子的复习效果也是有一定影响的。在这里，有几点建议供家长参考：

1. 夯实知识点，吃透课本

课本是根据高考大纲编写的。所以，孩子学习，必须把"吃透课本"作为最重要的学习方法。家长应该告诉孩子：不能课本上的知识还没学会，就忙着做题。预习课本的时候，孩子应该把课本中的基础知识用彩色铅笔标注出来，比如重要的地理坐标、重要的历史事件等。听课的时候，孩子可以把笔记写在书上，既可以答疑解惑，又便于课后复习。

家长应该让孩子明白：课本上的知识要认真阅读，注释也不要遗漏，高考中的难题有时候就出自课本中的注释。家长应该帮助孩子透彻地理解课本上的知识点。

2. 让孩子认真听老师讲课

孩子上课，主要是为了通过老师的讲解掌握知识点，然后从老师那里获得对文科综合知识的补充，尤其是地理科目。地理的知识点比较零散，如果没有老师的讲解，孩子很难理解大气循环、暖流、寒流等的原理。

让孩子认真听课，不仅指要认真听新课。老师给同学们复习旧知识点的时候，孩子也要认真听课。这样可以加深孩子对新旧知识点的理解，避免遗漏重要的文科综合知识点。如果孩子有自己的想法，家长要鼓励孩子和老师进行交流，老师也有可能会出错，孩子能纠正老师的错误，说明孩子已经牢固掌握了此知识点。

3. 教孩子多画图

文科综合包括历史、地理、政治三门课，每门科目的分数为100分。地理需要学习大量的地理坐标，了解各个地区的气候、生物环境等。要想记住这些知识，就必须大量地画地图。政治、历史需要记忆大量的知识点，画知识结构图、重要事件地区分布图可以有效地提高孩子记忆知识点的效率。巩固课内所学知识，画图复习是必不可少的环节。

学会理科综合考前复习

小轩以全年级第八名的优异成绩考入一个重点大学。小轩在学校里很出名，因为他高考的成绩是全校第八名，但他的中考成绩是全校1200名。高一的时候，他的成绩很普通，甚至有点差，那时的他对此不以为意。一次，他帮老师搬东西到办公室，看到墙上贴着一张南开大学的宣传单，他在那张宣传单前驻足了十几分钟。不知怎么，他突然萌生了要上南开大学的想法。但理想很丰满，现实很骨感，小轩的梦想简直就是天方夜谭。

他把自己以前没有学会的知识一点一点地补回来。早上早早起床去教学楼背英语，因为起太早，常常被宿管唠叨；平时，一有时间就钻研题目；晚上下课之后，他会一直待在教学楼，直到教室熄灯才回宿舍。经过半年的时间，薛林把以前遗漏的知识都补回来了。之后的时间里，他认真地学习，成绩也逐步提高。

高二分文理科的时候，小轩选择了理科。理科综合满分是300分，学得好的同学一般都可以考到260~270分之间。为了提高自己的理科综合成绩，小轩买了近五年来的理科综合真题。每道题都反复做好几遍，把其中的知识点吃得很透。然后他把这些题按照知识点重新排列，列出了自己的复习题单。在实验班里，学习高手很多，这无形之中给了小轩一些压力，紧张有序的学习气氛让小轩的动力更足了。小轩的理综成绩比较差，没有实验班的同学好，他勤于思考，遇到不懂的问题就积极地问同学、老师。事实证明，这套复习方法很有用。高考时，小轩理科综合考了280分。

小轩用实际行动证明：理科综合的成绩是可以在短期内迅速提高的。理科的知识比较系统化，讲究逻辑思维，强调的是理解，把知识点理解透彻了，考出满意的成绩就很容易。

理科综合占理科总分的比例较大，难度系数较高。比起文科综合，理科综合更难。首先，理科综合有多选题，每道多选题的分数是六分，而文科综合没有多选题，每道题目是四分。其次，理科综合的时间一般不够用，所以孩子需要合理安排时间，争取在规定时间内取得最高分。有些人考不出高分，不是因为知识点不会，而是因为没有时间做完考题。合理安排好时间，或者寻找出适合自己的做题步骤才是取得理综高成绩的制胜关键。

还有一点，理科的知识比较系统化，孩子即使基础不好，花了时间去学，短期内提高理综成绩是可能的。不管孩子原先的理科综合成绩怎么样，都不能放弃对理综的复习。很多孩子因为一分之差落榜，可见，在高考中，一分也是很重要的。不到最后一刻，绝对不能放弃理综。

在这里，有几点建议供家长参考：

1. 告诉孩子，题海战术不可取

有些孩子为了快速提高理科综合成绩，就大量地做题。他们认为，题目做得越多，考试的时候才能考得越好。殊不知，这种想法是错误的。大量做题不是坏事情，但是什么事情都是过犹不及。不管做什么事情总要有一个限度。那些理科综合考得不错的孩子，并不是因为他们做了很多题，相反，他们做题可能很少。他们之所以能取得好成绩，是因为他们不是在做题，而是利用几个标志性的题目进行思维上的梳理，找出这类题目的规律，总结知识点。所以，家长应该告诉孩子：题海战术是不可行的，不要追求数量，应该追求质量。孩子在做题的过程中要学会归纳总结，找出其中的考点，做到举一反三，这才是做题的目的。

2. 告诉孩子，重视基础

对于理科综合来说，夯实基础比做题更有意义。很多孩子忽视基础知识，喜欢攻克难题，这是错误的。难题对于考重点大学的孩子来说是必须做的，难题做好了，孩子与他人的成绩才能拉开。但是，做难题的前提是：牢固掌握了大量的基础知识。一味地去做难题、怪题，只会让孩子的理科综合成绩越来越差。在备考复习理科综合的过程中，家长要提示孩子，不要一味地去做难题、偏题、怪题，要打好基础，结合高考大纲的要求，把基础知识掌握牢固，训练好自己的解题能力。

3. 告诉孩子，要注重对知识点的理解

理科综合的知识点大多需要理解而不是死记硬背。有些孩子认为，知识点记得越多，理科综合的成绩就会越好。高考最重要的内容是：通过试题考查孩子的综合素质和解决问题的能力。而这一切都是建立在灵活运用知识点的基础上，死记硬背不能实现这种目的。

家长要告诉孩子，在高考复习的过程中，要注重对基础知识的理解，不要死记硬背。理解了知识点，孩子的思维能力才能得到提高。在掌握基础知识的过程中，家长还要注意提升孩子的各种能力，保证他高考正常发挥。

第五章
应对考试的
技巧和方法

浏览试卷要注意的问题

周笔是个聪明的男孩，学习成绩在班里一直不错。他独特的做题方法和应试技巧帮助他在考试中获得了不错的成绩。

一次考试时，坐在周笔旁边的同学看他在考试铃声开始后不做题而是先把自己的卷子翻来翻去，同学十分好奇，心里默默地想：周笔在干什么啊？他不怕做不完题吗？

考试结束后，那位同学在放学的路上把自己的疑惑跟周笔提了出来。

周笔回答说："我是怕题量太大做不完才把卷子翻来翻去的，如果题量过多的话我就会挑自己会做的题做，确保自己会做的题全部做对，然后放弃自己不会的题，因为那些题你做不做都是丢分的地方。"

同学惊讶到："原来是这样啊！"

周笔笑着说："不过这次考试的题量正常，大家应该都能做完。其实我们每次做题之前都应该浏览整套试题，首先检查一下自己的试卷是否完整，然后看一下题量大小，由此控制自己的做题速度，最后对每个题的难度稍作分析，看看是否该放弃一些题目。"

"原来做题还有这么多讲究呢，怪不得你的成绩一直不错。"同学对周笔的分析能力赞叹道。

对于孩子在考试前是否应该浏览试卷，有些家长和孩子存在疑惑，认为把考试中的时间花在浏览试卷上有些浪费，其实不然。首先，浏览试卷可以排除其他客观因素对考试成绩的影响；其次，通过对试卷从头至尾的浏览，能大体了解试题数目、类型、结构、占分比例，分出哪些是难题，哪些是容易题；同时，还可以让孩子根据考试总时间，大体分配不同题型的做题时间，做到心中有数，把握考试中的整个过程。

家长的帮助对不善于在考前浏览试卷的同学来说是必要的，家长需要引导孩子掌握浏览试卷的方法，并在浏览的过程中稳定自己的情绪。下面介绍浏览试卷的步骤和几点注意事项供家长参考：

1. 教孩子掌握浏览试卷的流程

有时候试卷会出现印刷问题或缺题少页等问题，如果孩子在做了很久之后才发现这些问题就得在考试中花费时间进行处理，这样必定会干扰自己的考试情绪。所以教孩子事先检查试卷的完整性能保证他们顺利完成答题过程。接着，家长要教孩子如何快速浏览试卷。浏览试卷时，孩子最好先不要慢读细思，也不要把注意力停留在某一处，要快速浏览，看清楚即可，一般花费时间在2～3分钟之内为好。接着，家长要教孩子对每个题目稍作分析，看清题目的总数，各道题的重点，难易度，建议所用时间和分值，便于下一步安排答题顺序和答题时间。

2. 教孩子稳定自己的情绪

当孩子读到熟悉的题目时，家长可以教孩子在内心暗示自己：这里可以得分，那里又可以得分。这样便能增强他们解题的信心。当孩子读到生题时，家长要教孩子在内心提醒自己：这里比较生疏，一会儿在这里要多加小心和思考。但是同时要提醒孩子切记不能在这里细想或认为这里会失分。当孩子读到难题时，家长要教孩子在内心警示自己：这里比较难，一会儿要多加努力。千万不能让孩子把注意力停留在这里，或者想"完了，这里做不出来……"

3. 告诉孩子浏览试卷时的注意事项

在孩子边浏览试卷的过程中，家长还要提醒他们要在容易答错题的地方稍加注意。比如，有些试卷中会出现选做题：A、B两组，考生限选一组。如果两组都做，只以A组计分。或者有的试卷中会出现不定项选择题和多选题，但有的孩子仅凭自己平常的考试经验会误认为选择题就是单选题。因此，家长要教孩子学会控制好时间，浏览时间不能过长，防止做题时间过少，要让孩子尽快决定和安排解题顺序和答题时间，保证在规定时间内完成试卷。

把握正确的答题顺序

佳佳是名初中生，学习成绩在班里名列前茅。佳佳最擅长的科目是数学，虽然她的学习能力和反应能力不是班里最好的，但是她在考试中摸索出了一个有效的得分方法，那就是答题的时候按照先易后难的顺序做题。

佳佳对难题的理解和解决能力并不是很好，一般情况下选择题的最后两道题都比较难，佳佳通常都会跳过这两道题，先做后面的填空题，等做完填空题后再返回来做这两道难题。

在数学考试中选择题和填空题相对于后面的题目来说比较简单，每次佳佳都会先把这两类题做好才会开始做后面的题。后面大题的难度通常也是由易到难，但是有时候试卷也会出现出人意料的出题顺序。

一次数学考试时，"这道证明题比平时练的难好多，已经在上面花十分钟了我还没有思路，是不是该放弃呢？"佳佳浏览了一眼后面的题马上有了思路，于是她选择放弃证明题先做后面的题。

考试结束后老师对同学们说："如果同学们感到这次考试很难大

家也没必要很担心，这次考试确实有一定的难度，而且它难题安排的位置和平时考试的位置也不一样，所以很多同学可能都没有做完，经过这次考试大家以后也要注意学会安排做题的顺序。"

但考试成绩出来后，佳佳的分数仍然打了90分，在班里排了第一名。

故事中的佳佳在难度比较大的考试中仍能考高分，就是因为她把题目的难度由易到难排了出来，按照先易后难的顺序做题。考试技巧的运用也会影响成绩的高低，所以在孩子考试的过程中，家长要教孩子按由易到难的顺序做题，这样能让他们在做简单题的过程中稳定自己的情绪和心态，尽快让孩子在考试中进入最好的状态。

等孩子适应了考试的做题速度后，便可以控制好做题的时间。通常做题的速度由快变慢容易，但由慢变快比较难，所以由易到难的做题顺序更加适合孩子的心态变化。将难题留到最后便不用担心孩子会在得分概率小的地方浪费时间，导致简单的题也得不到分。

因此家长在孩子总做不完题或者容易在考试时紧张的情况下，就要教他们按由易到难的做题顺序答题。下面是一些帮助孩子找到正确安排做题顺序的方法，供家长参考。

1. 先大致浏览试卷，把握题目的难度

在孩子拿到试卷的时候，家长可以先让他们把考卷大致地看一遍，分析下每道题的难度，然后再答题。家长可以教孩子用不同的标志按自己认为的难度将每个题目都标出来。比如，将最简单的题用三角标出，第一眼看没有思路的题目用圆圈标出，第一次就无法理解题意，读不懂的题目用五角星标出。这样孩子就能快速地把自己能得到的分都得到。

2. 先按由前到后的顺序做题

家长可以先教孩子直接按先后顺序答题，因为题目的难度通常是从前到后逐步增加。不论怎样，家长要教孩子冷静地面对考试，告诉孩子不要紧张，先把自己会答的，容易答的题答出来，而对于那些比较困难的、一时还把握不准的问题，可以先放下来。

3. 重新解读自己之前不会做的题目

等到孩子把容易的题全部答出来之后，家长再教孩子去思考那些比较难的题，重新花时间解读自己不会的题目。但同时要让孩子避免一味地去思考、琢磨一道难题，把时间都浪费在某道题上，而要多面撒网、重点捕捞，不然等到考试时间结束的时候，可能自己能做出的难题也没有时间作答。

答题前要理清思路

李璇是名高中生，虽然她考过很多试，但做题还是没有明确的思路，每次考试李璇都是胡写一通，有时同学把自己的试卷发到自己手里，李璇都认不出那是自己的试卷。李璇考试时的答案都是想到哪写到哪，所以她早忘记自己的答案是什么了。

"这份卷子没有名字？谁还没有拿到自己的试卷？"语文课代表在给大家发两天前小测验的试卷时发现最后这份没有名字，于是在讲台上晃着卷子问大家。

李璇看了看课桌上没有自己的卷子便去问课代表："我没有卷子，可能是我的吧？"

课代表惊讶地问："是吗？但是这份卷子只有70来分，你的语文成绩有这么差吗？"

李璇不好意思地说："应该是我的，我的语文成绩确实一直不好。"

李璇拿过试卷赶快回到了自己的座位，她猛然一看："这是我写的吗？我怎么一点印象都没有。"但是李璇确定这字迹是自己的，便从头看起了自己写的答案。但是她对自己的答案一点印象都没有，不知道自己当时为什么会那样写，不知道自己为什么没有按答案上那样思考问题。

故事中的李璇在考试中没有条理清晰的答题思路，几天后便忘记了当时做题的想法。粗心大意的李璇在考场上头脑十分混乱，甚至忘记了写自己的名字。很多孩子在答题的时候都会犯和李璇一样的毛病，一到考场上头脑中的思绪就会混乱，没有明确的答题思路，所以总是想到哪儿写到哪儿，写完之后就忘记了自己当时做题的想法。

明确的思路就是孩子下笔答题之前的提纲，有了有条理的提纲，孩子在答题时思绪才不会混乱，不会盲目地乱写，不会白费功夫却拿不到分数。这就是大部分孩子做文科类的题时写了很多但是却拿不到分数，或者在做理科题目时容易将计算方法弄混的原因。因此，家长在帮孩子指导答题的技巧之前一定要让他们学会整理答题思路。下面是一些帮助孩子找到明确答题思路的方法，供家长参考：

1. 找到问题的突破口

答好题的首要步骤就是要找到问题的突破口，而寻找突破口就得回到问题中。孩子只有清楚了问题到底从什么角度提问，才能知道自己该从什么角度回答，从而想到答题要点。比如，题目问怎么才能将环境保护政策落到实处，落到小处，落到细处？这个问题的突破口就是实处，小处和细处，说明问题提问的角度是从微观角度，从社会、从家庭、从个人的角度出发的。所以家长可以让孩子只从社会中的人，从家庭中的人，从自己个人的角度回答此问题，不用考虑国家机关政府部门的措施实施办法。

2. 总结出完善的答题要点

在孩子找到解题的突破口后，家长要教他们利用题目中的可用条件从多角度思考答题方法。有的题目中一个条件就能直接得出一个答题要点，而有的题目中的条件属于间接条件，需要孩子经过推理和总结得出多个答题要点。家长最好教孩子分点列出自己的答案，按照由表及里，由浅到深，由远及近的逻辑顺序罗列出答题要点。

3. 有条理地写出最终答案

答题的最后一步就是教孩子完善自己的答题要点，把每一个要点都细化，写出具体的答题内容或者是步骤。这个细化的过程首先要有条理，有明确的结构，有观点、理由和总结，能够把自己的答题要点论述清楚。其次，家长要教孩子在论述完自己的答案后得出最终结论，点明自己回答的问题，这样才算完成了最后的答题过程。即使是做数学题，在得出计算结果后，仍需要孩子再次明确标出自己的最终结果。

暂时不会的题目就先放一放

健健是名初中生，眼看就要中考了但是他的考试成绩总是提不上去，健健的妈妈很是着急。

"你们现在就要中考了，老师有没有教你们一些在考场上争分的考试方法？你现在的成绩想考重点高中还很难。"健健的妈妈担心地和他说到。

"现在开始重新学我以前完全没学会的题确实是有点晚了，我学起来确实很费劲。"健健如实地和妈妈说到自己的情况。

"但是老师给过我们一个多得分的建议，老师让我们把自己暂时不会的题先放一放，先做自己会做的题目，把容易得分的题都拿到满分，放弃自己放到最后也没有想法的题目。"健健半信半疑地和妈妈说到老师给大家的建议。"老师说这样在考场上就能多得分，你说是这样吗？"

健健的妈妈笑着说："老师说的方法可能对不同的孩子有不一样的效果，你下次考试的时候可以试一试，如果真的能提分，那你中考的时候就能用这种方法。"

考试中有些题孩子很明确自己会不会，有的几个步骤就能轻松解决，有的就完全没有想法和思路。但是有些是孩子第一眼看起来会，但一做起来又没有了完整的思路或者不能立即得出结论的题。对于孩子不会的题家长可以教孩子放弃，因为他再花时间也得不了分。但对于孩子似会似不会的题，家长可以教孩子先放一放，等他们把简单题都做好后再花时间对这种题思考、演算、琢磨……

很多做不完试题的孩子都是在不知不觉中丧失了宝贵的考试时间，从而在考场上稀里糊涂地败下阵来。可见"会答的先答，不太会答的后答，完全没思路的放弃"作为一条考场原则是颠扑不破的真理。

家长可以教孩子将它当作一种考试方法，但是这种方法虽然能定性地给孩子指出做题的窍门，却仍存在定量分析不清楚，缺乏可操作性等问题。由于不同的孩子对简单题、中等题、难题的区分不同，就会出现有的孩子用它灵，有的孩子用它不灵，有时灵有时不灵的现象，因此针对不同的考试需要孩子具体情况具体分析。

在重要的考试中孩子们都是每题必争，每分必夺，所以他们哪道题都不想轻易放弃，哪一问都想攻下来，哪一分都不想丢，往往这时孩子更容易丢分，所以家长要教他们把不会的题先放一放，先做自己一看就会的题。下面是一些教孩子如何根据自己的感受区分题目难度的方法，供家长参考：

1. 教孩子先做他们十分熟悉的题

每个孩子的答题习惯不一样，比如有的喜欢先答自己最擅长的题目，有的习惯从头开始，按顺序答题。但不管怎样，家长要教孩子在考试时先答自己非常熟悉的题，先答确保自己能得分的题。不要教孩子在考场上轻易变换这个方法，否则很容易出现自己会做的题没时间答的情况，从而影响成绩及后面考试的心态。

2. 教孩子把可能会的题也拿到分

在考试中孩子要把自己能做出的题目都拿到分，不能一见有难度的题目就放弃，那样也不能获得高分。所以家长要教孩子区分自己不会的题和可能会的题。有的题目只要他们可以把题中的材料和条件理清，转变为和最后提问的问题相关的要点便能把题目解答出来。

3. 教孩子放弃多次重读但依然不会的题

在孩子对题目的难度进行筛选后，有的题会被一直留到最后。通常出现一两道题是正常现象，如果出现的太多说明孩子没有发挥出自己正常的水平，有些能拿分的题他们没有尽量做，或者这一部分的知识孩子没有学好，所以有很多中等难度的题也不会做。但是在考场上，孩子没有学会的简单题也得让他放弃，总之，答题要以分数至上为原则，凡是孩子放到最后怎么看都没有思路的题都要让他放弃。

抓住要点，宁简勿繁

小红是某校初二（5）班的一名学生。

小红平常学习非常努力，每次做题答卷都是认认真真。老师经常在课堂上表扬小红答题的书写漂亮工整。不过，她的学习成绩却并不好，每次考试成绩都是徘徊在班级30名左右。

今天，前几天考试的卷子发下来了。小红拿到卷子心情十分低落，虽然她的每道题目都答得又多又整齐，但是每道题目只得一点点分。她转过头，看见了同桌的卷子。小红的同桌是个调皮的男生，他每次考试的字迹都十分潦草，经常被老师批评。

可是，这次同桌的卷子却得分很高。小红不服气，拿起了同桌的卷子仔细浏览。她发现，同桌的答案虽然字迹潦草，答的内容也少，不过，每一点内容都和答案吻合。反观自己的答案，虽然写的又多又漂亮，但是却没有答到"点"上。

后来，小红总是虚心地向同桌请教答题的技巧和思路。

一段时间以后，小红的答题方式有了很大的改观。

又是一次考试之后，卷子发下来，小红发现自己的分数比同桌的分数高了整整10分。原来，同桌的试卷因为字迹潦草失了好多分，而自己的试卷不但字迹工整，而且条理清楚，要点突出，所以得分很高。

上课了，老师又一次表扬了小红，小红开心地笑了。

小红在考试时书写工整，是一个很大的优点，不过，如果她的答案没有答到点子上，那么答得再多再好也不会得分，成绩反而没有那些字迹潦草但是答题靠近得分点的同学好。一旦小红学会了答题抓住要点，按点答题，再加上她书写的优势，学习成绩自然会有所进步的。

实际上，试卷里每一题的答案可分为几个要点，判卷老师是依据评分标准来给分的。孩子在答题时，如果可以分清此题包括几个要点，依据要点简略概括答案，那么就比笼统地写一大堆话更容易多得分。

同时，对于同一道题目，有些孩子理解得深，有的孩子理解得浅。为了区分这种情况，考试的阅卷评分办法是懂多少知识就给多少分。这种方法叫"分段评分"，或者"踩点给分"——踩上知识点就得分，踩得多就多得分。

因此，家长们要帮助孩子形成良好的答题习惯，教育孩子在答题时抓住要点，宁简勿繁。

如果是孩子会做的题目，就要让孩子表达准确、考虑周密、书写规范；如果是孩子不会的题目，就要让孩子把自己会的几点写上，不要在卷子上留空白。以下建议供家长参考：

1. 注意平时良好习惯的养成

虽然，日常考试不像期中、期末、升级等考试那样严格，但是家长还是要注意督促孩子认真对待，严格按照答题步骤答题，养成良好的习惯。如果在日常的考试中，不注意训练孩子按点答题，那么，一旦大型考试来临，孩子即使知道要抓住要点，宁简勿繁，也会因为紧张和没有答题经验而错失分数。平时，家长可以经常检查孩子的考试卷子，帮助孩子分析考试思路，然后让孩子把做过的题按照思路要点重新梳理一次。如果孩子的某次答题思路很清楚，要点也很充分，那么不妨给他一些表扬和奖励。

2. 掌握解题思路和技巧

掌握解题思路和技巧是抓住答题要点的重要方法。家长可以通过让孩子精读辅导教材、大量做题来理解各个模块、各种题型的解题方法。当孩子能做到对题型清晰划分，对解题方法了然于胸，就能够用简洁的语言把得分的要点一一写出来。当然了，这还需要让孩子大量地阅读辅导教材，学习正确的解题技巧。

还有一点是非常重要的，就是家长一定要让孩子掌握牢固的基础知识，这是做好考试题目的基本前提。家长可以在平时抽查了解孩子对基础知识的掌握情况，帮助他多次复习。

3. 作答时分层分点

因为试卷数量多，老师在判卷的时候不可能对孩子的试卷逐字批阅，而是挑着答案要点来给分的。如果孩子写得满满的，却没有分层分点，很有可能会因为老师没有看到而失分。因此，家长要教育孩子，在答题的时候将答案分成几个段，以要点化的方式书写清楚。

具体要求如下：

（1）针对性，即答题思路要正确，要针对题目的设问作答，不要答非所问。

（2）逻辑性，即先答什么，后答什么；先说哪句话，后说哪句话。

（3）层次性，要层层分析，大的层次包含哪些小的层次。先总说，后分说；先主干知识，后枝干知识。

（4）要点化，即一定要用阿拉伯数字清楚地表明答题要点。但是要根据答案的层次标记序号。

（5）全面化，答题要点要全面，不要遗漏答题要点。

在考场上更要学会打草稿

秦逸是某校初中的一名学生。他十分聪明，但是考试成绩总是不理想。

一次数学考试后，王老师发现秦逸试卷上的错误有些莫名其妙。于是，王老师就让秦逸把草稿本拿出来给他看看。结果王老师发现秦逸的草稿纸上杂乱无章，只要有空隙的地方都被挤满了。最明显的是，草稿纸上算的是0，可是写得像6，结果抄到试卷上就变成6了。这样的草稿纸，看得费劲，且很有可能看错。王老师让秦逸看自己的草稿纸，让他找出错误的原因。秦逸告诉老师，他以前总认为，在草稿纸上写的算式只要自己能看得懂就行，又不是什么课堂作业，老师又不检查。现在，秦逸意识到由于这样的原因失分是非常可惜的。

王老师批评了秦逸之后，秦逸认识到良好的草稿习惯同样重要，后来，他在草稿纸上的书写也像在课堂作业本上一样认真。长此以往，秦逸在使用草稿纸时养成了良好的习惯，考试答题时再也没有犯过"看不清草稿纸上的答案"这样的低级失误了。后来，老师在班上向大家展示了秦逸书写认真的草稿纸，让学生们向他学习。

同学们也都意识到，在草稿纸上认真书写也是提高计算能力的方法。

家长们也都知道，孩子做理科题少不了要打草稿。我们的孩子在计算时也有可能犯同样的错误。

计算是每个孩子必须掌握的一项基本技能，而许多孩子的计算正确率并不高。有调查表明，这很大一部分与孩子在计算过程中的一些不良习惯有关。在这些习惯中，不能恰当使用草稿纸成了一个重要的部分。草稿纸是最能体现学习过程与方法的载体，它留下了孩子分析问题、思考问题、解决问题的线索，记录了孩子摸索、探究问题的轨迹。

良好的草稿习惯有助于树立孩子正确的学习态度，形成良好的书写、演算习惯，培养他们正确的审美观点；良好的草稿习惯有助于引导学生养成善于思考问题的好习惯，提高分析、解决问题的能力；良好的草稿习惯有助于培养学生认真负责的态度，对学生今后的学习、做人等方面素质都有促进作用。以下建议供家长参考：

1. 教育孩子在思想上重视草稿纸

孩子不太习惯打草稿或草草了事，是因为觉得打草稿太麻烦或是不重要。孩子在思想上的忽视导致了他们在行为上的不规范。因此，家长要从思想上加强孩子对打草稿"重要性"的认识。

家长可以在每个学期开始时，给孩子发一个本子作为草稿本，并在封面写好名字，定期对孩子的草稿本进行检查，如果孩子对草稿本使用得好，就表扬奖励。这样，孩子就会在思想上对"打草稿"真正地重视起来。

2. 促进孩子养成良好的草稿习惯

习惯是非智力因素中一个重要的部分。孩子的学习习惯不是一朝一夕可以形成的，家长必须从他们的日常学习点滴抓起。有些孩子的惰性较大，每次做练习时就算有草稿本也懒得拿出来用。遇到这种情况，家长一定要严肃教育孩子，千万不能纵容孩子。家长要教导孩子在每天课前，将草稿本与数学书、作业本同时拿出来，使它成为课前准备的必需品。通过这样反复督促，让孩子慢慢养成好习惯。

此外，家长要和老师在平时多多交流，无论是在学校，还是在家里都应督促孩子持之以恒，逐步养成积极使用草稿本的良好习惯。

3. 家长要指导孩子正确打草稿的方法

有时候，虽然孩子每次练习都使用草稿纸，但是因为使用方法不得当，所以效果并不明显。因此，家长要指导孩子学会正确地使用草稿纸的方法和技巧。

家长要指导孩子保持草稿本的整洁，并注意书写的规范性。打草稿最好的方法就是依据从左往右，从上往下的顺序书写。草稿纸上应字迹清楚，书写端正，特别要注意容易写错的数字、符号等。

家长还要告诉孩子在正式考试时，草稿纸要多次对折，然后标上序号使用，那么在验算和检查时，就会非常方便。

运筹时间的方法

蒙蒙是某校初一（5）班的一名学生。

一天，考完数学的她十分沮丧地回到家里，对爸爸说她的数学越学越差了。蒙蒙说自己数学考试的时间不够用，有一半题目没来得及答，看着这些题都有思路，但就是没时间答。

爸爸对蒙蒙说，考试时要注意两点：一要认真审题，二要学会放弃，把题多读两遍是正确的，因为题读对了，才可能做对，才能得上分。要学会放弃，就是说在时间紧张，不可能做完的情况下，只能放弃虽然会做，但计算量太大的题，放弃分值低的题，放弃看一眼没有思路的题。

蒙蒙说考试时，自己碰到一道选择题算了很长时间没算出来，当时有些慌，后来一想，大不了考不及格，但剩下来的题还是要一道一道去做，于是总算沉住气了，不过，很多时间已经浪费了，导致后面很多会的题也没有时间做。

爸爸告诉蒙蒙，这样想是对的，就算连着几道题一时没思路，也不用慌张。没有思路的题应该放过去，有时间再想，还是要先做有思路的题。合理地安排答题次序，就会节省时间。

蒙蒙听了爸爸的话，收益良多。

后来，每次考试时，蒙蒙按照爸爸告诉她的那样运筹时间安排试题，很少再出现答题时间不够的情况了。只要是会做的题，蒙蒙都尽量完成，不会做的题先暂时跳过。这样一来，虽然蒙蒙数学水平并没有很大的提高，但是她的数学成绩却有了很大进步。

　　在正常情况下，孩子应该能够在规定的时间内完成考试。如果像蒙蒙这样因为个别题目不会做而浪费大量时间，就有可能做不完试卷。很显然，这对孩子的成绩会有很大的影响。蒙蒙爸爸的做法是正确的，他并没有责怪蒙蒙考试没考好，而是帮助蒙蒙分析问题，解决问题。这种做法值得家长们借鉴。而且，蒙蒙爸爸提出的两条建议也十分合理，它可以帮助孩子合理地安排考试时间。蒙蒙后来的成绩进步也证明了合理安排考试时间的重要性。

　　合理地安排考试时间，可以确保孩子会做的题目有时间去完成，部分不太会做的题目尽量多拿分，一定不可能做出的题目，尽量少投入时间甚至压根就不去做。这样，孩子在考试中就可以发挥正常水平，尽可能的多得分。

　　对于学习基础较好的孩子来说，如果感觉前面的题做得很顺利，时间很充裕，可以冲击下最后的压轴题，向高分冲击。对于基础一般的孩子来说，首先要保证的是前面大部分题的分能够稳拿，甚至是拿满。对于大题的后两题，能做几问就做几问。这个方面，家长要告诫孩子，根据自己的情况，量力而行。以下建议供家长参考：

　　1. 充分利用考前几分钟

　　一般情况下，考试前几分钟会提前发草稿纸和试卷，从这个时候考试的战斗就已经开始了，但是好多孩子没有意识到和利用好。家长要教育孩子充分利用好考前几分钟。

　　首先，家长要叮嘱孩子一定要先准确地填涂考号、姓名，并检查无误，这是考试最基本的要求。然后，孩子应该快速浏览一遍试卷，了解试卷的大致结构和题型难易程度。在这个基础之上，孩子要根据自己的学习水平安排考试时间。一般情况下，应该先安排充足时间做简单的题，部分时间做稍难的题，较难的题要视考试剩余时间和孩子水平灵活安排。

2. 恰当的答题技巧可有效节省时间

孩子在考前的复习及心理准备都能为他在考场上正常发挥打下基础，但是要想让孩子最大限度地发挥水平，家长还应该教孩子以下三种应考的一般技巧和方法。

（1）认真审题是正确答题的前提。尤其是遇到较容易的题目，更要字字认准，句句看清，严防错觉。有些题目似曾相识，要严防疏忽大意，造成错漏。

（2）遵循先易后难的原则。一开始考试，很多孩子一般都会比较紧张，记忆、思维等方面都达不到最佳状态。等孩子做过了几道有把握的题之后再做较难的题就容易进入状态。

（3）想不起来，先放一放。孩子在做题过程中，往往会出现这样的情况：明明记得的概念、定理或公式，考试时竟然会想不起来了。遇到这种情况，就先去做别的题目。

3. 科学分配考试时间

对于考试的时间安排，很多学生均认为：一定要学会合理分配时间。

周洁娴回忆，做综合试卷的物理部分时，最后一题有点难。当时她做前面部分花的时间已超出预算，结果越做越急，无奈之下只得放弃物理最后一题。好在自己做化学时挤出了一些时间，最后才完成物理这道压轴题。

有的孩子在前面用的时间多，导致后边的题没有时间做。这属于时间安排上的失误。而有的题时间再充裕，也不一定做得出来，这就应该主动放弃难题，给可做出的题腾出一点时间。家长要注意在平时帮助孩子养成合理安排做题时间的习惯，这样等正式考试来临，孩子就可以更加科学合理地安排时间了。

学会科学地检查试卷

毕业于武钢三中的田钰笙，高考以667分的好成绩考入清华大学。

谁也不会想到，这样一个成绩优秀的高才生在上初中时却是一个成绩中等，总是被老师批评的调皮学生。

令田钰笙印象最深刻的是初中时候的一次数学考试，自己数学成绩不及格，被数学老师点名批评。田钰笙说，那次考试题很简单，自己用了40多分钟就答完了，答完卷子之后并没有认真地检查，而是做各种小动作，扬扬得意，觉得自己的分数会很高。结果等试卷发下来自己就傻眼了。原来班里有好多同学得了满分，自己却只得了54分。

田钰笙回忆说，当时自己受到的震动挺大的。

后来，再考试的时候，田钰笙总是认认真真地对待试卷。无论题目简单还是难，田钰笙都会认真检查。从此，田钰笙再也没有出现过那样的失误。

"挺感谢当时的那次考试的。"田钰笙说，"是它让我明白了学习中最重要的不是聪明而是态度。"

现在，作为一名清华大学的学生，田钰笙给学弟学妹们的建议是：考试的时候，大家一定要认真检查，分分必争。

田钰笙是一个头脑聪明的学生。不过，因为没有认真检查试卷，反而在考试时栽了一个大跟头。在考试过程中，做题很重要，检查试卷也很重要。检查是打扫战场，是每次考试都不应忽视的一个环节。孩子考卷的失分可分为两种：一是必失分，指无论如何也做不出来而丢的分；另一是失误分，失误分指因为审题不清或马虎而丢的分，检查的目的在于尽量避免失误分。

做完试题后，如果离考试终了还有一段时间，孩子一般不会提前离场，而是在座位上看自己的试卷，做检查、补充两项工作。家长也一定都叮嘱过自己的孩子，让他们做完题一定要检查。有的孩子因为检查试卷避免不了必要的失误。有的孩子翻来覆去看自己的答案，效果却不好。这是因为检查也是有一定的技巧和方法的，胡乱检查是不能帮助孩子达到目的的。

"做听力的第一感觉很重要。"田钰笙说，英语听力一般是一步到位，很难有机会检查，除非是自己完全瞎猜，否则不要轻易改动第一感觉选出的答案。现已是北大数学学院大一学生的王静姝也认同这种方法，即用第一感觉答听力题。

第一感觉答题确实很重要，尤其是语文、英语两科。没有十足的把握，孩子不要轻易改动。作文写作时，应该打草稿，一旦确定了基本框架和思路，就一路写下去，不要做大段修改。

孩子改动第一感答案需谨慎。由于开考时心理因素的影响，前三题往往错误率较高，必须复查；其他加标记要复查的题，若没有充分理由说服自己，最好尊重第一印象。怎样检查试卷是大有讲究的。以下三条建议仅供家长参考：

1. 试卷检查的内容

在检查的时候孩子不能乱检查一通。家长要告诉孩子在有限的时间里要检查好以下内容。

（1）仔细检查有没有遗漏或没有做完的题目，如有，就抓紧补全。

（2）复查各题的解答过程和结果。

（3）检查试卷和答题卡上的姓名、考号、座位号是否已按规定准确地书写（填涂）齐全；答题卡上有无漏涂、错涂，填涂的信息点是否清晰，卷面是否整洁。

（4）检查试卷和答题卡上是否有与答案不相干的文字或符号，如有，务必擦去。

2. 试卷检查的顺序

孩子在检查试卷的时候要讲究顺序。家长要教育孩子检查的时候要首先检查自己感觉有问题的部分，不是很放心的地方。其次是按照题目的顺序来检查。

孩子在检查试卷的时候也要按照"先整体思路，后结果细节"的顺序。首先要检查解题的思路和方法是不是正确，这是解题的灵魂。然后再让孩子去检查是否写了单位，是否要写"答"，是否要写"解"等小问题。如果小的问题不注意就会变成大问题，导致孩子考试失分。家长要在平时的练习中严格要求孩子。

3. 试卷检查的技巧

孩子必须要掌握检查的技巧，不然检查的效率会比较低。错误的地方虽然能被孩子检查出来，但是花的时间却比别人多，这在考试中是得不偿失的。因此，家长要在平时教给孩子一些检查试卷的小技巧。

（1）基本概念检验法。基本概念、法则、公式是孩子复习时最容易忽视的部分。这样，可避免孩子在解题时发生概念性错误。

（2）特殊情形检验法。让孩子通过代入特殊值、特例或极端状态来检验答案是非常快捷的方法。

（3）一题多解检验法。多种解法比一种解法更使人放心，也更容易发现存在的问题。

（4）直截了当检验法。直接检验法就是围绕原来的解题方法，针对求解的过程及相关结论进行核对、查校、验算等。

第六章
高考考试技巧

语文试题答题技巧

每次考试，学生复习得最少，似乎最不"重视"的就是语文了。而语文考试答题也是，提笔就来。不过贝贝也很疑惑，学了这么久了，语文题到底用什么方法做，才最有效？

几次模拟考试下来，贝贝的语文成绩越来越不理想。原本没有太过重视的语文竟然快要成为她拖后腿的弱势学科了。语文成绩一直不好不坏的贝贝开始有点着急了。

这次考试，她照例还是试卷一到手，走马观花地大致浏览了一遍就匆匆动笔。答卷过程中自然又少不了涂涂改改。做阅读时，她发现答题纸已经抹得到处都是黑洞洞了。

"哎呀，怎么成这样了！"看着一片狼藉的试卷，贝贝只好硬着头皮接着做下去。"这文章什么意思啊？这题答案在哪啊？"粗粗阅读了后面的问题，贝贝看原文时发现根本就找不到。她只好又从头仔细读了一遍文章，将近十分钟的时间又过去了。

正当她苦思冥想后面的题怎么做时，监考老师已经发出了提示："考试时间还有四十分钟了，同学们没写作文的就要抓紧了。"作文？自己阅读都没做完呢！这下可真让贝贝有点慌神了。手忙脚乱之下，题目更是摸不着头脑。

出了考场，贝贝在心里抱怨，"这语文题都越来越难了啊"。而成绩出来后，贝贝更是觉得心里不平衡："为什么平时不怎么认真的人都考得比我高？"她向爸爸诉苦，爸爸说："学习有学习的方法，考试有考试的技巧。平时认真学习是必须的，但是考试的时候也要讲究技巧，这样才能拿高分。"

有这样一句话：学好数理化，走遍天下都不怕。随着第二语言的学习，英语的受重视程度迅速飙升，而作为母语的汉语，在学校的地位似乎变得并不是那么举足轻重了。就像案例中讲述的一样，孩子考试前复习得最少的学科就是语文了。像案例中的主人公这样在考场上手忙脚乱或者语文成绩一直平平的学生还是比较多的。学习有学习的方法，考试有考试的技巧，答题正是这样。孩子如果在考试中不注意答题方法，那将既耽误时间，又没有效率，而且回答问题答不到重点，那么得分也不会高。语文成绩占高考总成绩的百分之二十，所以这一部分成绩不能忽视。为应试教育选拔人才的考试也有类似于模板的设置，孩子应对这样的考试，就要有一定的技巧。为了帮助孩子锻炼语文答题技巧，帮助孩子在高考中提高成绩，这里有几点建议供各位家长参考：

1. 不要"赶时间"地做题，合理规划考试时间

语文试卷文字多，试卷拿到手厚厚的一叠，容易给孩子造成压力，心里不禁会想："这么多的题，两个半小时够吗？"通常一看到题就已经开始"鞭策"自己："题目这么多，得赶紧做了！"结果从一开始就"快马加鞭"，一味地赶了时间，正确率却下降了，这样做是得不偿失的。考试的时候，家长可以提醒孩子带一块手表，方便计时。其实考试时间安排都是经过科学计算，按照正常情况下一般人都能完成的时间设置的，所以不用过于担心时间的问题。另外，要合理规划每部分内容所需要的时间，这就要根据孩子自身水平和习惯来确定了。

2. "文字游戏"要细心，看清题目再作答，不该丢分的地方绝不丢分

考试要细心，语文考试也是如此。汉语言文化博大精深，失之毫厘谬以千里，一字之差可能就导致完全不同的含义。比如选择题中的"下列选项中正确的一项是"和"不正确"的一项，仅仅多一字和少一字的区别，

却是完全不同的两种答案。所以，仔细看清题目再作答是非常重要的。除了选择题的题目，阅读题目更是如此，由于语文的阅读题目文章篇幅较长，信息量大，而且一般不会直接从文中找到答案，所以难度也加大了，这更加需要学生的仔细。至于像古诗词默写这些题目，孩子要注意生僻字词、易混字词的写法。

3. 不要急于作答，打腹稿列提纲

很多孩子会有这样的经历，当做论述题等一些需要"长篇大论"的题目时，学生在洋洋洒洒几百字填满了试卷空白之后，才发现思路中断不能自圆其说了，或者发现偏离题意自己都不知所云了。这是由于孩子没有经过周密的思考和设计答案便匆匆下笔，答题比较盲目。家长要教孩子在作答前列一个简单提纲，明确自己要写什么，怎样写，大致分为哪几个要点，差不多做到"胸有成竹"时再下笔。考场上没有时间打草稿，所以快速打腹稿是很好的办法，孩子还可以在书写的过程中及时调整答案，尽力做到最好。

现代文和文言文的阅读答题技巧

"啊，这次又错了这么多，就三个题我错了两个啊！最后一个还是蒙对的。唉！"菲菲看着这次语文模拟试卷第一道现代文阅读题上的错误，闷闷不乐。

再看后面的文言文阅读，自己错的也不少。选择题也是半蒙半读，翻译题做得也不好。自己平时就不怎么喜欢文言文，考场上的翻译也是临时憋出来的。看着连自己都觉得不通顺的句子，菲菲无奈地自嘲："文言文读不懂也就算了，现代文也读不懂了，唉，我还是中国人嘛？"

　　菲菲做不好这两道阅读题已经有好几次了，最近的模拟测试她总是在这个地方出问题。语文试卷中选择题本来就不多，分值又大，错一道就已经和别人拉开了距离，更何况她每次还错这么多。可是自己也不是没有努力过，考前也想认真地复习复习，可是每次语文考试的题目都不一样，而且也没有规律可循，自己想复习也有点无从下手的感觉。

　　妈妈看了她的试卷，很快也发现了阅读这个问题。就问菲菲自己认为做不好的原因。

　　"我也不知道，就是每次找答案的时候，都觉得有种找不到的感觉，因为跟原文有时候完全不一样，有时候又一样，简直让我分不清。我选的答案好像总是错的。"

　　妈妈听了说："其实做这样的题目是有技巧的。首先要很细心，要看清题目中的问题，然后要带着问题阅读文章，最好能够定位每个问题涉及的段落以及这些内容的大概含义，然后再对照选择。你啊，就是做题太少，不动脑子。"

　　听了妈妈的话，菲菲似乎明白一点了。

　　高考语文试卷中选择题比起其他科目确实非常少，但是分值却很有分量，典型的"错不起"的题目。语文试卷中多为开放性题目，没有十分固定的标准答案，所以很难在这类题目上拉大差距。唯一确定答案的就是选择题了，所以语文考试要想拿高分，做好选择题是关键。现代文阅读和文言文阅读就占了六道选择题，而且文言文涉及的翻译也是拿分的关键点，这两个部分可以说是语文试卷中的重头戏，又多属于基础内容，难度不会非常大，所以家长要教孩子做好现代文阅读和文言文阅读两大部分。但是还是会有像案例中的主人公一样的孩子在这一部分题目中得分不高，究其原因有很大一部分是没有找到应对现代文阅读和文言文阅读的正确方法。这里有几点建议供各位家长参考，以便帮助孩子取得进步。

1．分析题目类型，知己知彼，教孩子熟悉考题

知己知彼，百战百胜。在高考的战场上也是如此。熟悉考题，在考场上可以减轻孩子的紧张感，帮助孩子从容应对试卷。纵观现在的高考试卷，现代文阅读和文言文阅读的出题方向是比较明确而且相对稳定的。现代文阅读一般会是科技类说明文，后面的选择题也一般是判断正误或者概括文章大意类的题目。文言文阅读一般是历史人物传记，题目也一般是考查孩子对文言文字词含义、文章大意的理解，以判断题为主。文言文还有句子翻译的题型，这种题目考查的就是学生对文言字词常见意义的掌握以及语言组织能力的培养，要注意的是，翻译要尽量做到忠于原文，逐字逐句对应翻译。为了保持语句通顺，学生可适当意译，但必须要翻译出重点字词的含义。

2．排除法，教孩子最经典的选择题做法

四选一的选择题最经典也最常用的做法之一就是排除法。如果无法立即肯定正确答案，这样的做法无疑是缩小选择范围、扩大命中概率的最佳方法。孩子做现代文阅读和文言文阅读题时也可以这样，排除掉自己认为肯定错误的答案，再对照原文，仔细体会，从而确定正确选项。要注意的是，不要在两个不确定的选项之间徘徊太久，这样既浪费时间又容易让人失去判断。如果还不能确定，那孩子不妨先放一放，做一做其他题目，调节一下思维再做。不过也不要频繁改动答案，这样也会让孩子失去判断。

3．答案都在原文里，教孩子仔细从文中找答案

把隐藏在文中的答案"挖"出来，这需要孩子的时间、敏锐和细心。之前在语文答题技巧一章中提到过，做语文题目细心非常重要。选择题更是如此。四个选项中总有三个是出题人设置的"障眼法"，它们有的表述相近，有的相反。对于这样的题目，判断正误就要考孩子的细心程度了。

孩子可以通过阅读文章定位问题出现的位置，再仔细对照选项，理解含义。值得注意的是，关于一些貌似属于"常识类"的题目，家长要提醒孩子不要想当然地选择"一眼看过去就是"的答案，或许这样的答案，恰恰犯了常识性的错误。一字之差，意思可就是千差万别了。所有的答案都在原文中体现，教孩子一定不要脱离原文。

高考作文的写作要点

"好了同学们，我们这节课还是照例来读一些范文。这次的考试又出现一批考场佳作，同学们可以多多学习借鉴。"试卷发下来的第一节课，语文老师又要准备读范文了。

不过这在此刻的小沫心里，就是一个打击，也像一种"炫耀"。

"我觉得我的作文也没有什么大问题啊！为什么就那么低的分数？"听着还有句子不通顺的一篇"范文"，小沫觉得自己更委屈了。因为作文成绩不高，导致自己的总分数都下降了。

回到家里，小沫忍不住抱怨作文评判，自己大有怀才不遇之感。妈妈听后笑着说："那把你的作文拿过来我看看，给你评评理。"

妈妈看完材料又认真地读过小沫的作文之后，说："其实呢，抛开考试，就单纯地看你的文章，还是很不错的嘛。文笔挺好的，语言优美，寓意也比较含蓄，但是这次应试作文，就是为了反映材料所圈定的主题。那么就这一方面来看，你的文章就不太符合这样的标准了。"

"可是它说了立意自定，题目自拟啊！这就是我的理解，有错吗？"看着气呼呼的小沫，妈妈耐心地解释道："不是你错了，而是你没有猜到出题人的心思，也就是没有达到那个'理想'的定义。"

　　小沫看着自己精心写出来的文章，这是她比较满意的考场作文了，本以为会得到一个比较高的分数，但没想到结果却让她失望了。那么这种应试作文的写作要点是什么呢？

　　高考作文在语文考试中占着举足轻重的地位，六十分的分值的确不是一个小数字，高回报伴着高风险，要做好这道题并不简单。像案例中的学生一样，自己觉得写得很不错的文章却并没有得到理想的分数，这样的情况还是比较多的。很多平时成绩很不错但在真正的考试中却出现分数过低的不正常现象，究其原因大部分是因为作文，也就是我们常说的"跑题"了。一旦偏离了立意，就是犯了方向性错误，这种情况下即使文章写得再好也是无济于事了。现在的考试作文一般以材料为主，即半开放作文。要求学生自拟题目，自立立意，这样的题目给了学生更开阔的思维空间，但同时也增加了"跑题"的危险。要做好高考作文这道题，家长就要教孩子把握好思想主线，掌握写作要点，这里有几点建议供各位家长参考：

　　1. 把握思想主线，教孩子不偏离正确思想和主流意识

　　高考作文一般都会有这样的要求：内容健康向上，这其实是为高考作文"把脉"，也就是为其限定了主导思想。而现在学生们流行的"伤感格调"虽然广受同学的青睐，但阅卷老师并不欣赏这种风格，而且这类文章大多隐喻晦涩，情感基调忧郁低沉，个人情感强调过多，给阅卷老师造成一种颓废消沉的感觉，这就偏离了健康向上的"主流意识"。家长要教孩子学会看穿考题，找到其中隐含的主题，并且尽量寻找积极向上的立意。高考是应试教育的一种手段，所以作文也要按照这样的思路，或者接近于"模板"的东西来框定，这样才可以尽量避免"跑题"。

2. 凤头、猪肚、豹尾，三部曲充实内容

凤头，即文章的开头，所谓凤头，自然是美丽不凡的，这两个字的意思是说，文章的开头一定要写得非常精彩，一下子就可以吸引读者的眼睛，做到一鸣惊人。猪肚，要求文章要长，高考作文一般是不少于800字但不多于1000字，这对于高中的学生来说并不难，重点是内容要层次分明，主题明确，应试作文一般以议论文居多，所以论点论据要全面准确，详略得当，既控制了字数，又丰富了内容。豹尾，即指文章漂亮的结尾。一般文章开头和结尾都是阅卷的重点，所以家长要教孩子给文章一个漂亮的收尾。议论文的结尾一般都是对全文的总结与升华，总之不管哪种文体，结尾都不宜太过冗长拖沓，一定要注意突出主题，升华全文。

3. 适合自己的就是最好的，鼓励孩子大胆创新，善于思考

并不是说高考作文就一定要是议论文，假如有一千个考生都写了议论文，那么脱颖而出的概率就是千分之一，但如果这一千个考生中有一个写了记叙文，那么他留给人的印象肯定更为深刻。所以家长要鼓励孩子不要盲目跟从，要敢于创新。除了问题形式，内容上也要有特色，比如已经被大家作为模板举了很多遍的事例就不要再用了，免得让人觉得没有吸引力。高考作文还要考查考生的思想深度以及看待问题的目光方法，所以家长要教孩子善于思考，学会透过现象看本质，这样的文章就会有真情实感，自然能够打动人。

数学试题答题技巧

小亮是个学习成绩很好的孩子，他的数学成绩一直都很好，让很

多数学成绩不好的同学羡慕不已。

高考即将来临，大家都在为考试做准备，小亮也不例外。他在高考前着重复习了数学，打算用数学单科成绩为自己提高更多的分数，争取能把总分考得再高一点。可是让小亮没有想到的是，他在考场答题时却出现了很多问题，影响了他的发挥。

小亮在做题时发现卷子上的题型自己以前都做过，可是有些题就是无法做出答案。他在做选择题时遇到了好多明明感觉很简单，却又做不出来的题。他为此很着急，做选择题一项就浪费了很多时间。

这时，他才发现考试时间已经过去很多了。因此，当他在做后面的大题时由于着急就没有很仔细地分析题干，导致他在快写完解题过程时发现自己的解题思路是错的，只好划掉从新写答案。

当小亮再次写答案时，发现答题的地方已经不够了，而且卷面看着非常乱。小亮为此急得满头是汗，结果考试成绩并不理想。

高考是决定孩子命运的转折点，家长和孩子对此都非常重视。很多孩子平时学习与考试的成绩都很理想，可是高考时却发挥失常，无法取得理想的成绩。小亮平时的数学成绩就很好，可是在高考时却由于心态以及做题方法的原因，导致他的考试成绩很不理想。

高考数学是一个比较难考的学科，它的题型广泛又灵活。针对同样一个知识点，它有好多种出题方式，如果孩子不懂得灵活运用自己的知识解决这些问题，就会导致考试成绩无法提高。

答题方式的正确与否，是提高孩子成绩的关键因素。尤其是数学考试，如果没有合理的答题方式，孩子就容易出现发挥失常的状况。因此，家长要教孩子掌握一些考试时的答题技巧，这样才能让他更加游刃有余地答题。以下建议供家长们参考：

1. 数学中选择题与填空题的答题方式

数学选择题一般以概念基础为主，只有后四道或者后三道选择题会稍微难一点。而那些基础题并不难，如果孩子能减少选择、填空的错误率，也就意味着他能及格甚至拿到更多的分数。

因此，家长只要让孩子把书上的基础知识学会，选择题就很容易得分。再者，做数学选择题有很多技巧，比如，猜测值法、逆向思维逻辑法等。这些方法都可以让孩子直接排除选项中错误的答案，从而减少答题的时间。

填空题也是如此，如果孩子遇到了不会做的题就要果断空过去，然后把后面的题都做完之后再做选择题和填空题。但是，需要家长注意的是，不能让孩子把选择题和填空题留到最后做，否则会影响他做选择题的准确率。

2. 让孩子学会题型套用

数学有很多题型的解题方式都很雷同，比如，当孩子在做一些几何题时，只需要把辅助线画对就能把题解出来。这时，如果孩子对画辅助线的题型非常了解，那么他就能很快地想出做辅助线的方法，也就能把题做出来了。因此，家长要让孩子学会用题型套用的方式做题，以便让他更快更准地解题。

题型套用的方式很简单，比如，有些数列题需要先把数字做加、减、乘、除的运算，或者平方、开根号之后才能找到解题方法。当孩子找到这些答题规律之后，就算在做题时遇到了不会的题，也能按照自己熟知的答题模式把他解答出来。

3. 让孩子学会处理难题与简单题的方法

数学考试的难易程度一般是以基础为主，只有少数几道题或者少数几问会出现拔高的现象。尤其是后面的大题一般都看似简单、容易上手，但是做起来就感觉很费劲，有一些小问根本没有思路。很多孩子在遇到这样的情况时，就会非常焦急，从而影响他们答题时的心态和发挥。

小亮就是个典型的例子，他不懂得遇到难题与简单题时的处理方法，导致他答题时的心态受到了影响，出现了发挥失常的现象。因此，家长要让孩子懂得处理这个问题的方法，才能提高孩子的答题效率。

首先，让孩子分清答题的主次关系。高考数学的选择题和填空题所占分数的比例并不小，但是，真正能拿分的题却是大题。因此，孩子要尽量把简单会做的题做完之后，再去研究那些比较难的题。

其次，让孩子懂得答题心态很重要。现在的数学题层次感比较鲜明，尤其是孩子在做后面的大题时可能会出现前两问会做，而后两问很难的情况。这时，很多孩子就会因此而认为考试题难，失去做下去的信心。这就会导致当他在做大题中的比较简单的小问时，也感觉很难不会做，影响他的考试发挥。

因此，家长要让孩子调整自己的心态，不要因为题的难易程度影响答题节奏，这样才能有助于孩子取得理想的成绩。

英语听力答题技巧

一到英语考试，姗姗就害怕，就是因为她一直做不好听力题。

其实姗姗的英语成绩一直还不错，可是听力却是她的软肋。由于听力拖了后腿，总分也和其他同学拉开了差距。每次考听力，她的听力分数都不高，有时候甚至能错一半。可是自己又不喜欢听力，所以很少练习。久而久之，听力能力自然没有什么提高。

这次考试也不例外。成绩单拿回家，妈妈对姗姗的英语成绩感到很困惑，"我记得你英语一直不错啊，现在怎么了，英语成绩退步了。你觉得是哪方面出了问题？"

姗姗当然知道是哪里出了问题。但是她不喜欢做听力题目，妈妈知道后，对她这样的态度很不高兴。"听力既然是弱项就要多加练习，你现在越不做题越不会，这样会影响你的总成绩的。"

"可是我就是不喜欢练习啊，而且真的不会做，听不懂，做了也是错的啊。"姗姗觉得每次做听力，尽管自己都很认真地在听，但是效果依然很不好，这对自己是一个打击。

"做听力也是有技巧的，多加练习是一方面，掌握技巧也很重要，这样你才能提高成绩。听力其实并不难，你不要放弃也不要排斥。每天练习不需要过长时间，每次最多半个小时，可以听短文，也可以做题目，要理解录音意义，有时候题目选项里不会有原句。你可以在练习中尝试着把听到的词句写下来。慢慢练习，听力一定会好起来的。"

在妈妈的鼓励下，姗姗开始每天坚持练习听力了。

高考英语越来越注重学生的综合能力，听、读、写能力的考查可以在试卷上全面展示出来。而从小学到高中，我们的学校教育似乎更注重的是做题的能力，对听和说两个能力的培养并不十分重视，所以我们所学的英语更多倾向于"哑巴英语"。写在试卷上，学生们都认识，但是听录音却并不能完全理解。一方面是学校教育的原因，还有一方面是缺乏语言环境，对英语的敏感度不高，当听到单词时，必须有一个从中文到英文的转化过程，而就是这个过程，耗费了不少时间，所以有很多学生在考试时常常会顾此失彼。等自己反应过来，这道题已经过去了，而下一道又没有听清楚，思维一中断，整个答题思路就被打断了。文章都没有听完整，理解当然就有困难，做题的错误率自然飙升。也有不少学生像案例中的主人公一样，本来对英语听力就没有兴趣，再加上疏于练习，英语听力考试自然就更加摸不着头脑。听力在英语考试中所占比例不小，而且还将会越来越高，在真正的英语交流中听力也是非常重要的。我们学习语言的目的就是为了运用和交流，所以听力能力的培养非常重要。这里有几个建议供各位家长参考：

1. 练习是基础，平时多听，教孩子培养语感

对于听力的提高，多练习是非常重要的，这也是最直接、最根本的方法。听考题录音对英语考试非常有用，可以让孩子熟悉考题内容，熟悉录音中的语速、语调，培养孩子对英语的"敏锐度"等。除了考题录音，家长也可以经常让孩子听一些英语歌曲，看英文电影，感受原版英语的发音，感觉口语化英语的形态，这对听力是很有帮助的。对于能力比较强，听力水平比较高的同学，可以收听美国或者英国的一些电台、观看电视节目等，以培养语感。

2. 答题时"听"是关键，教孩子不要只顾看题不顾听力内容

面对试卷时，很多学生都会习惯性地把重点放在阅读题目上，了解题目问什么是很重要的，但是如果在播放听力时仍将注意力重点集中在读题上就有点本末倒置了。学生的水平也许达不到做题时边读答案边选择，但如果来不及深读问题，不妨先仔细听内容，这样在做题时也方便很快定位答案。如果学生在听录音的同时浏览答案选项，猜测问题，这样很容易分心，从而影响正确率。所以家长应该教孩子以听力录音为主，先保证听的质量，选择答案才能有依据。

3. 当心题目的"陷阱"，教孩子避免"惯性"作答

听力录音里经常会出现时间、号码等一些与数字有关的内容，在选项中往往会有完全相同的答案，有的同学一看到自己听到的内容，由于"惯性"就选择了这一项，其实这样往往就上当了。涉及数字的题目都需要经过简单计算，需要孩子把听到的内容都记下来，还要注意问题问的是什么，综合考虑后再进行作答。高考听力还有这样一个"潜规

则"：一般短对话中"听到什么不选什么"，长对话中"听到什么选什么"。此外，如果在听力考试时错过了一句或者几个单词，那就直接跳过去做下面的题。

英语作文答题技巧

英语考场上，天天正在抓耳挠腮地"煎熬"着。时间一分一秒过去了，可他半天只在纸上写出了作文的题目。

作文向来是他的弱项，别看他平时英语还可以，可一提起作文就犯了难。语文考试他都不喜欢写作文，更何况英语作文呢。每次一到考试，他就非常害怕作文，而作文，自然也成了影响他成绩的一道"难题"。

这次的作文是看图作文。之前也做过这样的题目，有几次天天甚至还理解错了题意，结果写出来的作文根本不符合要求。一般就是几句话描述完图片内容之后，他就觉得无话可说了，这次又是如此。此刻他正在考场上着急呢，平时背的单词词组一到考试就跟休眠了似的，自己完全控制不了地不见了，每当他好不容易有点思路了要下笔的时候却发现又写不出来。自己歪歪斜斜写的那几行字根本得不了多少分。

妈妈知道天天的作文是弱项后，特意去书店买了一本高考优秀作文指导的教辅书送给天天，并且告诉他："英语作文其实并不是考查你会多少生僻或者比较难的单词，它主要看你写作的思路和整个文章的结构。如果你思路清晰，文章连贯，句子通顺，就很容易拿高分了。如果你的文章里再出现几个精彩的句子，不错的短语，那就更好了。你现在就是积累得太少，不妨从基础开始，先背一些作文，看看人家的主要结构和思路，你写作的时候就可以借鉴。"

抱着试一试的心态，天天开始读一些范文，并且自己试着模仿，一段时间之后，果然有了起色。

作文考查的是学生对英语的掌握及综合运用的能力以及描述事物表达观点的思辨能力，相比其他题型对学生能力的要求更加严格，难度也更大。像案例中的主人公这样的情况也是时有发生。有的孩子拿到作文，一头雾水，不知从何写起，要么就是不知所云，自己也搞不懂在写什么。要么就是一提笔却发现单词短语都不记得，到最后只好写了满篇单词简单、句式单一的"低级文章"，甚至还有语法错误。这些都是低分作文常见的问题。高考英语作文，其实并不是要求学生写出多么有文采的文章，而是考查学生基本的语言运用能力。单词、语法基本没有错误，语意连贯，这是最基本的要求。其次，就是要有正确的立场并且能够较为准确地表达自己的观点思想。此外，在语言运用方面，还要考查语言表达的技巧，比如过渡句、连接词等。所以，要写好高考作文并不难。这里有几点建议供各位家长参考：

1. 作文分类有模板，教孩子对号入座

要写好作文，首先要了解作文类型。一般来说，高考作文有看图作文、议论文、介绍性的说明文等，说明文经常以书信的形式出现，比如给外国朋友介绍家乡或者中国等。不同文体、不同类型的作文首先要注意的就是格式，这一点在书信中比较严格，要注意的是开头称呼和结尾落款。不同类型的作文有不同的结构，议论文一般分为三段，这个三段并非三个自然段，而是分为列举现象、陈述理由、总结并在此表明立场或者说明措施。看图作文一般先简单描述一下图片内容，重点是要表述出图片的深层含义，即象征意义，要透过现象看到本质，这一点很重要。看图作文也是议论文的一种，所以结构组成和议论文大致一样。

2. 连接过渡很重要，教孩子多多积累

在高考作文里，用于连接过渡的词语很关键。一方面可以使文章自然通顺，结构分明，有层次感，这一点体现在列举原因或者说明措施时。另一方面，一些优秀的表达方法和表达习惯也将给文章增色不少，尤其是一些谚语名句等，可以显示出学生的英语语言功底，这些都是可以加分的亮点。而这些，就要靠平时的积累，家长可以教孩子总结归纳出各类的连接词，比如表示转折关系和表示递进关系的词语，还有一些常用句型和典型句型，等等，其实有了这些，一篇文章的骨架就已经有了，剩下的内容只需要根据作文的具体内容进行填充就可以。但是要注意的是，过于生僻或者不常见的句型单词还是慎用比较好。

3. 教孩子要注意的高考作文的几点禁忌

说到禁忌，第一个就是语言要简练。但是在考试中孩子如果有不会的单词，可以用一个简单的词语进行替换，表述清楚即可，但是这并不意味着一个观点可以占用很多篇幅，事实上也这样也很不好，给阅卷老师的感觉就是通篇只有一个意思，得分也会受影响。其次就是要有侧重点，即重点表述清楚自己的观点和提出的措施，不要一味罗列现象，这样会使作文显得没有深度。最后要注意的就是字数和书写，处理好细节，才能拿到高分。

文科综合应试技巧

高考模拟考试的成绩出来了，元元很沮丧，他的这次成绩很不好，影响成绩的还是他一直不擅长的文科综合。

　　光在文科综合这一科，他就和别人差了将近三十分，这样的差距要追回来可不容易，光凭其他三科是很难的。元元的文科综合一直不太好，他不感兴趣，也没有见效的学习方法，成绩没有起色，他自然对这门课没有什么兴趣。不过一次次的考试，让他的成绩越来越受影响，他现在也开始着急，想赶紧把这门课补上来。

　　爸爸知道了他的苦恼后，问他说："你觉得文科综合的三门课程，你是哪一门科目不好呢？"元元回答说："这三门课都不怎么样，关键是平时学习我就没兴趣，但没有觉得特别难，可是一考试就不一样，成绩每次都特别差，有时候简直超出了我的想象。"元元很苦恼。

　　"这样的话，应该是你没有找到答题的方法，不要着急，答题也是要讲究技巧的，"爸爸给元元支招，"你要分清楚各科考试的特点，拿政治来说，偏记忆性的东西多一点，那你就多花点时间，记忆知识点是解答一切题目的基础，当然了，这并不意味着光凭背就可以解决所有问题。理解题目要问的问题是关键，这样你才能知道它要考什么，才能知道该答什么。最后再经过习题的练习、巩固和强化，要答好文科综合肯定没问题了。"

　　听了爸爸的指导，元元开始有信心了。

　　在高考中，可以说文科综合所占的分数是最多的了，这门考试也比较特殊，由政治、历史、地理三门课程组成，考试时间也只有两个半小时，这对考生还是有一定压力的。像案例中的学生一样，文科综合是很多同学的软肋，究其原因，很大一部分同学就像案例中的爸爸说的，没有找到正确的答题方法。当然了，兴趣也是很大一个原因。但有的同学由于成绩没有提高，兴趣也就培养不起来。文科综合是高考的重要部分，对学生的综合能力考查较为全面。比如在短时间内完成大量题目，这就需要学生对知识的掌握达到非常熟练的程度。同时还会考查学生答题时在三门课程之间思维的跳跃能力。当然，鉴于文科综合所占分值较高，对于高考的意义也就非同一般，所以答好这门课程是非常重要的。为了帮助孩子学习答题技巧，提高成绩，这里有几点建议供各位家长参考：

1. 时间虽有限，质量更重要，教孩子合理分配时间

三十多道选择题，五六道简答题，其中还包括好几道小题，考试时间只有两个半小时，这对学生来说确实是一个不小的挑战。有的学生在答题的时候生怕时间不够，结果一味地赶速度，影响到答题质量。这样的话，其实是没有任何益处的。家长应该教孩子学会合理分配考试时间。一般选择题，半小时到四十分钟之间即可，最多不要超过五十分钟，否则，后面的简答题要完成就比较困难了。当然，分配时间也要根据孩子自身的答题习惯和做题能力。比如有的学生比较习惯先做简答题，只要能够保证题目顺利完成，这些都可以根据孩子自己的情况来决定。但要注意的还是把握好时间。

2. 思维习惯因人而异，教孩子按照自己的习惯做到最好

文科综合的考试题是按照类型而分，并非按照科目而分的。比如选择题先是地理，然后是政治，最后是历史，简答题也是这样。这就对孩子的思维跳跃能力有一定的要求，同时对知识点的调动也是一个挑战。有的孩子比较习惯做同一科目的题目，认为这样大脑比较容易"进入状态"，如果孩子有这样的习惯，那么可以让孩子试着用自己的习惯来答题。比如先做所有的地理题，然后用这样的方法做政治、历史，只要有利于孩子答好题目，让孩子按照自己的思维方式做题未尝不可。

3. 不要急于下笔，教孩子列答题提纲

文科综合的简答题考查问题比较多也比较全面，因此答案也需要很全面，这就决定了答案内容的数量肯定不少。有的孩子一看到题目就急于下笔，匆忙作答，结果做到一半就有点"写不下去"的感觉，或者自己都觉

得不知所云。但这个时候再修改就已经有些来不及了。高考阅卷都是经过扫描之后呈现在屏幕上的，像修改液这类的东西扫描仪无法呈现上面的内容，这样就会影响答案的完整性，所以高考是不允许使用的。如果孩子使用删除修改符号又会影响卷面的整洁美观，从而影响分数，所以家长要教孩子做题之前先打腹稿或者列提纲，写出答案的要点，再根据提纲填写答案，也方便在答题过程中进行修改。

历史试题答题技巧

冰冰一直觉得各门学科里，历史是最拿手的。她从初中开始历史成绩就很不错，一直到高三也觉得没什么大问题，随着高考的来临，学习任务不断增多，她用来学习历史的时间也没有增加，反而把更多的时间用来学习其他科目。不过这一次的考试却让冰冰吃了一惊，历史成绩竟然没有及格，这可是破天荒了。

其实在考试中冰冰就已经有所感觉，自己对很多知识点都有点记忆不清，尤其是细节问题，像有些历史事件发生的时间，她自己都有点拿捏不住。但考试成绩出来后，她的确挺吃惊的，有些原本她有把握的题目，都没有得分。

她很快意识到这样不行，在接下来的做题过程中，她渐渐发现，自己似乎不会做历史题了。很多题目是关于思路和方法的问题，自己根本就无法想到这些，这让冰冰很苦恼。

冰冰觉得应该找父母帮助。

爸爸听完冰冰的诉苦，他知道孩子一向历史成绩不错，现在成绩出现倒退，就是答题方法不太正确。于是就对冰冰说："我知道你的学习一直没什么问题，现在考试成绩不理想，就是学习方法的问题了。以前这样做可以，现在也许这样的学习方法和状态就不是特别适合了。学习嘛，就应该根据具体情况来及时调整学习方法。"

冰冰也觉得爸爸说得没错。自己还是沿用着以前的方法，现在知识量扩大，考题和以前相比也更加复杂，看来自己真的应该试着改变学习方法，也应该用更加认真的态度来对待看似擅长的历史了。

学生们学习历史的时间可谓是悠久了，从初中到高中，历史课程一直是重点。读史使人明志，以史为鉴，学习历史确实可以丰富学生的知识，增长见识，更重要的是通过历史的学习能够指导学生更加全面、理性地思考和看待问题。所以说，学好历史是十分有用的。在应试教育的模式下，历史作为一门重要的学科，在高考中占据一百分的分值，因此，考好历史是非常重要的。但由于从初中到高中的历史学习内容大致相差无几，只不过是在深度和广度上有差异，所以就有很多学生像案例中的孩子一样，对学习方法没有及时做出相应调整，导致成绩在高考中出现滑坡。而现在的历史考试，也并不仅仅是对简单史实的识记查考，而是更加倾向于考查学生对历史问题的看待角度和对历史问题的思考方法，这在思维和思想上对孩子提出了更高的要求。所以学好历史的难度也有所增加。为了帮助孩子学习答题技巧，提高历史成绩，这里有几点建议供各位家长参考：

1. 史实重点不能忘，教孩子不要忽略基础知识

虽然现在的试卷上不会直接出现诸如"抗日战争爆发时间"等这样"拷问"学生史实的问题，但是所有题目都是基于学生已经对这样的基础知识完全掌握的情况之下，所以，千万不要让孩子在试卷的"迷惑"下忽视了基础知识。就像政治等科目一样，背诵记忆是必不可少的程序之一，也是作为文科生的基本能力之一。关于背诵的方法，之前在政治一科的学习中提到过的整体串联记忆法更适用于历史，中国史、世界史、古代史、

现代史之间都是有关联的，没有一段历史可以独立存在，加强对各部分的整体理解，更有助于增强学生的记忆。

2. 文言文基础不能少，教孩子答题调动多方面知识

看过现在的历史试卷的学生和家长应该都知道，现在的历史选择题似乎是在考查学生的文言文功底，题目首先得经过翻译才能明白，然后才能做选项。当然如果题目翻译或者理解有误，那么要做对题目的可能性就很小了。家长要提醒孩子注意的是，在这样的考试题目中，要更加提高答题的综合能力，特别是综合性比较强的题目，更容易让孩子失去判断。所以，学生一定要学会将题目意思作为背景，然后联系到历史史实解答题目，调动多方面的知识进行答题。

3. 学会"简答"，找到关键，教孩子做好历史简答题

一提到简答题，有的学生会不自觉地想到一个"潜规则"：写得越多越好。其实不然，简答题的目的不是为了填满试卷的空白，也不是答案的堆积，有些问题的答案不一定是长篇大论，答得越多，反而使答案更加凌乱，适得其反。简答题的作答一定要找到答题中的"关键点"，答案要精练，书写要工整，卷面要美观整洁，就容易获得高分。

地理试题答题技巧

"同学们我们来看看这次的试卷。"老师边说边发下之前模拟考试的地理试卷，小娟正为它头疼呢。

这次的地理成绩退步较大，自然地理部分出了很多题，而她正是这一部分比较差，看着考题，她觉得自己有种无能为力的感觉。

"同学们来看黑板，我们再把这样的题目讲一遍"，老师再怎

么绘声绘色地讲解，似乎都提不起小娟的兴趣。"反正怎么听都不会做，唉。"小娟感叹道。

爸爸看着她的成绩，问她考不好的原因。小娟说："我是真的不喜欢，还有就是听不懂，从一开始学的时候就不大懂，现在复习和考试，我更加听不懂了，尤其是自然地理这一部分。"小娟苦着脸，闷闷不乐地说。

爸爸说："那是你还没有掌握正确的学习方法，地理的学习其实并不难，只要你用心，再加上适合的方法，考个理想的成绩应该没问题的，那样你也就有信心和兴趣了。"

"你说你自然地理不好，那就把这一部分着重学习，这一部分重点在于识记，比如地图、地理特征等，还有一小部分是关于计算的，这部分需要理解的内容就比较多了，其实学起来也很简单。像地球太阳的运动，说起来很抽象，但是如果用手电筒和地球仪一演示，那就一目了然了。所以说，地理的学习，不用担心。不管学什么，首先都要有信心。"

爸爸的鼓励让小娟确实有点信心了，至少对地理已经不是那么害怕了。

高中的地理可以算是文科里面比较偏理科的一门学科了。一部分同学的地理确实成了"拖后腿"的科目。就像案例中的学生，对地理没有兴趣，成绩也不高，于是更加不喜欢地理，甚至演变为一种厌恶和害怕。如此恶性循环下去，只能导致孩子越来越没兴趣学习地理，成绩自然不会有所提高。很多学生对学习没有兴趣，很大程度上是因为没有取得一定的成绩，这种没有回报的付出让孩子很失望，究其原因就是没有找到正确的学习方法。地理在高考中占一百分，是文科里面的重要一科。由于这门课程是多数同学的"软肋"，所以学好这门课程就更加重要。地理是概念记忆和原理理解的综合学科，其抽象性给学生的学习造成了一定困难。就其作用而言，学好地理不仅仅可以应付考试，而且对生活也很有帮助。所以，帮助孩子学好地理、考好地理十分重要。这里有几点建议供各位家长参考：

1. 地理离不开地图，教孩子学会识图很关键

学习地理，肯定离不开地图。考试也是如此，图题结合，方便考查学生识图答题的综合能力。其实要教孩子记住地图最基本、最常用，也是最有效的方法就是多看、多熟悉。就像交朋友，接触多了、久了，也就了解了。此外还有一个方法，就是画地图，并不需要孩子多么精确地临摹，只要方向、地势、重点地形特点突出就可以。值得注意的是，现在的考题，更多倾向于局部地图，这就需要学生不仅要记住全部轮廓，更要将重点局部地形、特点等熟记于心。

2. 选择题不难选，教孩子择优比较，谨慎判断

人们一般都觉得选择题的答案是唯一的，正确选项只有一个。而现在的地理题目经常会出现"下面选项中最适合的一项是"这样的问题。也就是正确的选项可能不止一个，但是要选择一个最合适的，也就是要择优选取。而遇到这样的题目，往往正确的选项不止一个，但是最合适的选项只有一个。所以家长要提醒孩子不要急于作答，一定要看清题意，认真对比之后再选择。做选择题的一个原则是必须把四个选项都看完。

3. 简答题，会作答，教孩子不要眉毛胡子一把抓

地理的简答题和历史、政治稍有不同。首先是答案没有那么多，当然这只是表面现象。地理的简答题一定要学会分"点"论述。这里的"点"是指答案的不同侧重点。比如问及原因的题目，孩子要分几点将所有原因写清楚。在分点论述时，要注意答案的层次性，由表及里，要有逻辑性，不能让人觉得东一句西一句不知所云。其次是要语言简练，尽量用准确简练的语言回答问题。像一些地理学科的术语，尽量要标准和规范。最后就是写法上，孩子要注意的是不要像写论文一样以自然段来划分，这样给人

一种答案冗长而且找不到重点的感觉。要分点分行，一点内容占一行，答案清楚，字迹清晰，卷面整洁，一目了然，分数自然也不会低。

政治试题答题技巧

蓦蓦虽然是个男孩子，可是对政治却一点兴趣都没有，对政治课程自然也是一样，没有学习兴趣，政治成绩也不怎么出色。最近的几次模拟高考，政治成绩让他越来越着急了。

"唉，又是这样，这个政治真的好烦啊，我背了那么多，竟然没有用。"垂头丧气的蓦蓦看着自己试卷上不争气的分数，生气地说。

"政治嘛，并不是背了就有用啊。"看着同桌胸有成竹的样子，蓦蓦觉得更生气了，"不就是比我多考了那么十几分嘛，有什么好炫耀的！"他在心里不服气地想，下决心要好好补习政治。

"妈，这个政治成绩怎么样才能提高啊？"一进门，垂头丧气的蓦蓦就问妈妈。"我考前背了那么多，考试就没用上，唉，我都不知道该怎么办了！"

"政治可不是光背就足够了啊，你看现在的考试，考查的都是对知识的理解和运用，所以啊，你要加强对知识的理解啊。当然了，考试嘛，还需要一定的技巧的。"妈妈说。

"考试的技巧？这考试还需要什么技巧啊？"蓦蓦觉得很疑惑，这一点他以前倒是没有注意。

"当然需要技巧了。比如说做选择题，就有很多方法啊，像排除法，这都是最常见的方法。还有，做政治题目呢，首先你要能知道考题考的是什么，抓住考点，你才能知道该答什么。不过这些都是在你把课本知识点掌握的情况下才可以做到，'读书破万卷，下笔如有神'，政治考试也是如此啊，所以你现在背那些知识点是没错的，至于你说没用，是你没掌握方法，还不会用。"

听了妈妈的话，蕃蕃开始觉得自己应该调整方法了。

在高考的所有科目里，很多学生认为政治是需要背的最多的，觉得只要背会就可以应对考试了。但也有同学会像案例中的蕃蕃一样，发现背了知识点也有种"用不上"的感觉。从现在的高考试题中可以发现，政治考题已经不仅仅是局限于对识记内容的考查，就像案例中的妈妈说的，更注重的是对知识的理解和运用，所以光凭"背"是解决不了问题的。政治这门课程知识点颇多，相比其他科目，需要记忆的内容也就更多，所以孩子想要做好政治题目，记忆知识点是必不可少的基础。但是如果要完成好政治这门考试，这些当然是不够的。关于政治考试的答题技巧，这里有几点建议供各位家长参考：

1. 背诵有技巧，教孩子又好又快记忆知识点

之前也说到，背诵是学习政治的基础方法之一，但是很多人一提到背诵，就会想起古人摇头晃脑的样子。很多学生觉得背诵十分枯燥，而且效率不高，即使背会也容易遗忘。背诵政治，不要仅靠对句子的重复诵读，而是应该对知识形成一个整体框架，比如政治生活这一部分的内容，首先要有整体把握，包括由几部分组成，核心内容是什么，各部分之间是什么关系，用这样的方法，把每个部分都串联起来，不要独立记忆，这样既有利于加强记忆，又可以帮助孩子对各部分内容更好地进行理解，在考试应用时也更加得心应手。

2. 选择有方法，教孩子既省时间又得分

现在高考政治的选择题都是单选题，但还是有多选题的形式存在，比

如给出若干个答案，最后的选项考查的是答案的组合结果，这样的题目其实就是一种多选题。对于此类题目，有的学生会根据题目自己做出答案，然后再在选项中寻找符合的一项。家长可以教孩子一种比较省时间的做法，比如一道题目，已经确定的选项有①，那么在答案中寻找带有①的选项，其余的可以排除，以此类推，答案可以迅速定位。这样的方法既省时间，还可以提高正确率。

3. 简答有窍门，教孩子作答尽量做到"完整"

政治的简答题有一个很大的特点，就是内容多，因此对答案的要求就要尽可能做到完整、完美，当然，最基本的要求就是要正确。简答题要做到正确或者十分接近正确答案其实是很困难的。因为问题广泛，答案灵活，孩子有时候很难把握核心的考点，因此，要提高对题目的把握能力，除了熟悉课本内容外，还要多接触题目，见多识广。简答题，要注意答案和材料的结合，不能只顾着罗列依据，而不顾材料，当然，只论述材料内容，没有依据作为支撑，又会显得没有信服力。所以家长要提醒孩子注意材料和知识点的结合。此外还要注意的是，既然是政治，就离不开生活，离不开信息，因此孩子还要注意时事政治的变化，培养政治敏锐度，不要"两耳不闻窗外事，一心只读圣贤书"，这样才可以更好地应对千变万化的考题。

理科综合应试技巧

小石理综的分数波动比较大，有时候能考很高的分数，有时候却考得很低。为此，他在理综复习时付出了很大努力，希望能在高考时发挥出色，从而考入理想的大学。

　　高考已经开始了，小石在第一天的考试中发挥得中规中矩。很快就到了第二天的理综考试。小石知道理综的题量大、时间紧，他担心自己答不完卷子，于是在老师发下来卷子之后，就立刻投入答题当中。

　　小石这次考试并没有按照以往的方式答题，而是选择了一种先做大题后做选择题的方式。可是，当他在做大题时发现有好多题都不是很好做。他做了一会之后，却做不出来答案，只能匆忙地做下一道题。就这样，小石没有一道题做得很完善，而时间又用了很多。

　　等到小石的大题答完之后，离交卷时间也不远了。于是，他选择题的正确率就低了很多。等考试结束后，小石发现自己忙得满头是汗，却依然没有取得理想的答题效果，甚至不如以前的考试成绩。

　　高考理综是一门综合类的试卷，它以题量大、时间少的特点难倒了很多考生。因此，理综的答题技巧与方法就显得尤为重要了。小石在考试时时间分配不合理，答题顺序也不对，从而影响了他的正常发挥。

　　理综总分是300分，其中物理110分、化学100分、生物90分。难易比例是5∶3∶2或者是6∶2∶2等，根据省份与年份的不同，难易比例也会有一些变动。其中50%是基础题，30%是中等难度题，20%是拔高题。由此可见，只要孩子把基础分拿到手就能获得比较理想的分数。

　　理综答题技巧是帮助孩子拿分的关键"法宝"，这些技巧包括：如何分配自己答题的时间、如何选择做题的顺序、如何在遇到不会的题型之后也能拿到分数等。当孩子掌握了这些答题技巧之后，对提高他的成绩有很大的帮助。以下方法供家长参考：

　　1. 教孩子分配答题时间的方法

　　答题的时间分配一直是孩子在考理综时的一项"难题"，很多孩子都是因为没有合理地分配时间，导致自己无法答完卷子，不能把时间用在能拿分的关键题上。因此，家长要帮助孩子制订一个合理分配时间的计划，帮助他提高答题的效率。

理综的考试时间为150分钟，按照各科的难易程度和分数比例分配时间的理想方案是：生物20～25分钟，化学50～55分钟，物理60分钟左右，然后把剩下的时间用在检查与补漏上。这个方案不是绝对的，孩子可以按照自己各科成绩的优劣，合理地分配适合自己作答的时间。

2. 教孩子选择答题顺序的两种方法

高考的答题顺序与孩子做题的效率息息相关，很多孩子因为没有合理地安排自己的答题顺序，导致他们无法尽快把自己擅长的题型做对、做完。而在做那些比较难且自己又不擅长的题型时准确率低、速度慢，因此无法取得理想的分数。

理综的答题顺序有很多种。首先，孩子可以根据自己的答题习惯和自己对各科的掌握程度而定。比如，物理成绩好的孩子就可以先答物理，再答剩余两科。先做擅长的题，然后再做不会做的题。

其次，按照难易程度做题。一般做题的顺序都是先从简单的题入手，当孩子遇到了不会做的题时不要浪费太多时间，而是要往下进行，把一些比较简单的题都做完，然后再做比较难的题。这样既可以节省时间，又能保障得分效率。

3. 教孩子在遇到难题时如何调整心态

每个孩子在考试时都会遇到自己不会做的难题，有些孩子遇到这些题时就会有很大的压力，担心自己做不出来会影响成绩。或者给自己消极的心理暗示，认为这次考试的题都很难，从而影响他做题时的心态和正常发挥。

家长要让孩子学会用平常心对待考试，即使遇到了难题，甚至遇到了很多不会做的题也要从容面对。对于孩子考试时的心态调整有以下几点建议：

首先，考试之前先把整个试卷浏览一遍。其目的在于帮助孩子了解整个试卷的题型分布，然后他对自己擅长和不擅长的题型就会有一定了解。当孩子了解了这些题型的分布之后，就会有侧重点地做题，从而避免遇到难题时出现焦躁的心理。

其次，放弃一些难题。家长要让孩子用平常心对待考试，对于一些偏难的题，孩子要适当地选择放弃，然后把精力与时间都用在自己能拿分的题型上，争取拿到更多的分数。

再次，用心理暗示法告诉自己"我会做""我不着急"。心理暗示是帮助孩子缓解考试压力的有效办法之一，当孩子的压力缓解之后，更有助于提高他的答题的准确率。

物理试题答题技巧

小东是高三的学生，他的物理成绩有些薄弱。为此，小东妈妈特意给他请了家教，帮助他补习功课。

小东非常认真，他的辅导老师也很负责任。可是，无论老师讲得多么认真，他学得多么刻苦，就是无法提高物理成绩。

每次考试，小东都会感觉自己做题很吃力，有些题根本想不到解题方法，尤其是在做选择题时看哪个都像是正确答案。再加上物理的选择题有多选和单选之分，他在选择的时候就更加犹豫不决了。很多次他都是应该多选的没有多选，应该单选的又选出了很多答案，导致他每次选择题都只能对两三道题。

不仅是选择题，他在做实验题时也同样没有头绪，经常出现很多空都不会填的现象。在做后面的大题时，他也只能把公式写上，大致地算出几步之后就不会做了。因此，他每次考试的时候物理都只能考三四十分，拉低了理综的总分成绩。

高中物理是大家所公认的比较难学的一门学科，有很多文科生都是因为学不好物理而选择文科，很多理科生也因为物理而无法提高成绩。小东也是如此，他的物理成绩很不理想。无论是选择题、计算题还是实验题，他没有一种题型是擅长的。

高考物理满分是110分，它是理综中分数所占比例最大的一科。物理成绩的好坏是孩子理综成绩高低的"分水岭"，物理成绩好的同学每次考试能拿六七十分，再好一点的九十多分、一百多分都能拿到。而那些成绩不好的同学就只能考三四十分，甚至考一二十分。单一科物理成绩就让自己和别人相差四五十分的差距，这相当于生物或者化学三道大题总和的分数。

很多孩子物理无法取得高分的主要原因就是没有牢固地掌握知识点，但是有些孩子明明已经很牢固地记住知识点了，却依然无法取得理想的分数。这就说明他的答题技巧有一定的纰漏，或者是根本不懂得物理的答题技巧。

倘若孩子能够学会物理考试的答题技巧，就算遇到了一些比较难做的题，也能利用技巧得到一些分数。因此，家长要教孩子学会一些答题技巧，才能让他的物理成绩有所提高，以下方法供家长参考：

1. 用"三加一"的方法做物理选择题

物理选择题与其他理科选择题的区别在于，物理有不定项选择题，这些不定项选择题往往就是决定孩子命运的关键。有很多孩子都是因为无法确定选择题是多选还是单选，导致出现选错、漏选的情况，从而影响他的得分。

　　物理选择题的题型灵活多变，其中推理性的题型出现得较多，其知识面也比较广泛，但是计算量一般不大。并且，物理选择题没有固定的多选题数目。孩子在做题时只能凭借自己的推断，确定该题是否要进行多选。

　　首先，一般选择题都会以基础知识为主，有两道左右的常识题，或者概念题。因此，孩子要把书上的人物，以及人物的成就与贡献都熟记于心。

　　其次，会出现少量的计算题。对于这样的题型，孩子可以用反代数法进行计算，就是把四个选项中的数字带入题目，检验其中哪一个符合题意，这样会减少很多计算时间。

　　再次，找出正确或错误的选项。孩子在做这样的题型时，要详细审题，找出题干中的关键字与选项中的不合理之处，以便选出合适答案。

　　除此之外，家长需要孩子注意的是，物理选择题选错不得分，漏选得一半的分。因此，在孩子不确定是否是多选的情况下，要选择一个自己认为正确率比较大的选项，以确保自己能拿到三分保底分。

　　2. 让孩子了解物理实验题的类型

　　物理的实验题一般不会很难，而且都是书上经典实验的变形。一般有千分尺或螺旋测微仪的读书方式、电路图、能量守恒实验等。实验的分数有15分左右，它相对于其他题而言比较容易得分。因此，家长要教孩子不能轻易地把这15分丢掉，而是要牢牢地抓在手中。

　　实验题的答题技巧如下：

　　首先，分析题型。当孩子在做实验题时，可能会遇到很陌生的题型与实验方式。这时，家长要教孩子先不要惊慌，细心分析题型，找到与它原理相仿的经典例题，然后按照例题的解题方式解题。

　　其次，注意答题术语。很多同学在做题时，明明已经分析出了答案，却在填空时没有正确地表达出来，或者没有用物理术语表达出来，导致无法得到全分。

3. 教孩子掌握物理问答题以及计算题的解题步骤

很多孩子都认为物理的大题比较难做，其实那只是片面的看法。物理大题的确难，但是，也会有简单的小问。不仅如此，一些大题也会有一定的答题规律与步骤。因此，孩子要掌握以下答题的步骤与技巧，争取拿到更多的分数。

首先，进行物理运算时要保持单位的统一，并且要带着单位计算。这是很多孩子丢分的原因之一，他们没有统一单位就进行运算，导致结果出现偏差。

其次，注意答题步骤。物理的计算题要尽量有明确的答题顺序和步骤才能方便孩子得分。比如，"由……可知""因为……所以……""由公式……推出……"等，这些都是关键性的文字。

再次，公式的运用。孩子在考场上无论遇到自己会或者不会的题，都要分析出这道题所考的知识点，然后再想出相应的公式与答题步骤。在自己不会的情况下，家长要教孩子把自己知道的公式按照步骤推导出来，然后分析是否能按其原理做出答案。如果做不出来，把公式写上也能拿一些过程分，尽量不要交"白卷"。

化学试题答题技巧

小豆的学习成绩虽然一般，但是他非常刻苦，也没有偏科的现象，各科成绩都相差不大。不知不觉间，高三马上就要结束了，他也即将迎来对他来说十分重要的高考。

高考的日子终于来到了。小豆在第一天的考试中发挥还算正常，并没有出现太多的失分情况。可是，在第二天的理综考试时小豆就略显吃力，丢分比较严重的科目是化学。他在答题时发现自己无法确定有些填空的字词写法是否正确，比如，"融化"与"熔化"以及"溶化"的使用等。

除此之外，他在写化学方程式时发现这些方程式并不难，都是老师要求掌握的重点，也是自己着重练习的对象。可是，在考场上答题时却"丢三落四"，无法把分数抓牢。

当他高考结束后发现自己那些模棱两可的答案都是错误的，一些推断题、方程式也都没有写完整或者有略小的错误。小豆在对完答案之后非常懊悔，如果自己在考试时能更加细心一点，发挥再好一点就能考出更高的分数。

无论是哪一科的考试都有一定的答题技巧，有些孩子在平时的学习中成绩非常好，可是一到考试的时候就"掉链子"，这是因为他们缺乏应试技巧。尤其是在化学考试时，答题技巧能影响孩子的分数高低。小豆在考试时就因为自己不细心，以及缺乏答题技巧，导致他的正确率很低。

化学相对于其他理科而言并不难，却更容易在考试时失分，主要原因就是孩子不懂得化学考试的应试技巧。在化学试卷中会有很多混淆孩子判断的知识点与关键字，比如，化学方程式中的结构式与结构简式，一些物质特殊性质的相似性等。

因此，家长要帮助孩子掌握一些化学考试的答题技巧，从而让他避免在考试中出现发挥失常的情况。以下几种技巧供家长们参考：

1. 让孩子学会灵活运用化学选择题的答题技巧

一般高考化学选择题的题量几乎占了总分的一半。如果孩子能把选择题都做对，或者错误率较小的话，他的化学成绩就会有很大的提高。

高考化学的选择题主要考查的知识点大致可以分为离子共存题、化学方程式配平题、利用方程式计算题、化学平衡题、元素周期律、有机物的结构特征题等。这些知识点一般都是考查孩子对概念的掌握与灵活运用的程度，只要孩子能把这些概念都学明白，当他遇到这样的选择题时，就能发挥得更加出色。

除此之外，家长也要让孩子掌握一些作答选择题的技巧，比如，逐一排除法、反例推正法、性质概念推断法等，这些都是化学选择题的答题方法。

2. 让孩子学会分析化学题干中的关键字

化学考试题的题干中，会出现很多混淆视听类的词语，孩子如果不懂得答题方法就很容易被这些因素误导。因此，家长要让孩子学会分析这些题干中的关键字，才能帮助他识别这些易错的知识点，提高答题的正确率。

化学的概念性知识点和一些物质特征、现象比较多，并且相似性也很多。比如，二氧化碳是空气污染物，铁丝在空气中燃烧，铝的化学性质不活泼导致它不容易生锈等。这些知识点给孩子的第一感觉是对的，但实际上，这些说法都是错误的。二氧化碳是空气中的主要组成气体，不属于空气污染物。铁丝能在氧气下燃烧而不是在空气中。铝不易生锈是因为它的氧化铝薄膜，而不是它化学性质不活泼。

如果孩子能多了解一些在化学考试中普遍存在的类似知识点，就能降低做题的错误率，从而提高考试成绩。

3. 教孩子掌握问答题与分析题的突破口

化学考试中会有一些分析题、推断题以及简答题。孩子在做这样的题型时，总感觉无从下手，或者无法推理出正确答案，主要原因就是他没有找到解题的突破口。如果家长能让孩子学会找到这样的突破口，那么就能提高他答题的效率与准确率。

比如，物质的特殊性质（颜色、气味、状态、可燃性、催化性等），物质的特殊结构特征（苯环、正六面体等），特殊性反应方程式等，这些都是答题的关键点。因此，家长要让孩子熟记这些知识点，并且在做题时要着重注意这些关键性的文字，从而找到答题的突破口。

生物试题答题技巧

　　小然是个有些偏科的孩子，他的物理和数学成绩很好，而语文和生物成绩相对较差。

　　小然知道自己的偏科情况，于是很用心地复习生物，把书看了很多遍。每当他看书时，都能把书上的知识点记得很牢。可是，当他答卷时总是感觉自己会这个知识点，可就是不知道该怎么答。

　　小然虽然复习得很充分，可是考试的时候总是无法拿到理想的分数。每次考试的选择题只能对一半左右，在做一些分析和实验题时他就更加没有头绪了。尤其是有关染色体和遗传基因这一类型的题，他每次做都做不对。

　　理综卷子的题量很大，他每次做题的时候都会在生物试题上花费很大的工夫，但却没有其余两科分数高。小然为此很着急，不知道应该如何应对生物考试了。

　　高中生物是一门属于偏文科的理科学科，之所以说它偏文科，是因为生物有很多记忆性的知识点，计算类的题型很少。

　　高中生物与化学是理科类比较简单的学科，而生物相对于化学而言，更加容易学习。但是，还是有很多学生的生物成绩不理想。这个原因就是他们的学习方法不对，缺乏有效的答题技巧。

　　总的来说，高中生物的记忆性知识点要比计算类的知识点多很多，但只懂得知识点是不够的，家长还要教孩子学会运用自己所学的知识点答题，掌握答题技巧，这样才能让他的成绩更加优异。

1. 生物选择题的答题技巧

理科学科中选择题的题量并不大，但是分数比例却比较重。生物的选择题分数为总分的40%左右。因此，选择题的正确率很大程度上决定着孩子的成绩。很多时候，孩子花了很长时间背的生物大题却无法提高总分，而那些选择题都蒙对的同学就算后面的大题答得不好，分数也不会太低。

做选择题的通用技巧有很多，比如，逐项分析法、排除法、逻辑推导法等。但是，生物有着它独特的选择题答题方式，家长让孩子掌握这些答题方法之后，再让他们针对这些方法来复习，就会取得事半功倍的效果。

首先，有一种选择题题型是让孩子找出选项中错误（正确）的一项。这样的题型在近些年的高考题中层出不穷，而孩子在做这样的题时往往会有种看哪个都像错的（正确）的感觉，导致他们无法找到正确答案。

这时，家长就应该让孩子知道这种题的出题方式。一般这样的题型有"知识错误"型、"逻辑错误"型、"表述错误"型以及"与题干要求不吻合"型等类型。孩子学会从这几点入手分析题干后，就能很快找出答案。

其次，让孩子反复读题，找到零散的知识点。现在生物选择题的类型比较灵活多变，很多时候会把一个知识点分成几段话，或者加一些没有用的知识点来混淆孩子的视听。因此，家长要教孩子学会反复读题，找到对自己有用的知识点。

2. 实验分析题的做法

生物有很多实验分析题，比如，孟德尔杂交实验、噬菌体侵染细胞实验、生长素实验等。这些实验涉及很多知识点，可以考查孩子的实践与分析能力，是很多出题老师钟爱的知识点。同样，这些题型也是很多孩子容易丢分的大题。

实验分析题的答题方式很简单。首先，孩子要分析实验所涉及的知识点；其次，对实验的操作和实验现象做简单分析；再次，对实验结论和实验特征进行总结。只要孩子能把上述三点做好，那么就能很从容地做出答案。

生物书里有很多经典的实验与分析，考试题中的实验一般都是由书上的经典实验变化而来，或者与其联系性比较大。因此，家长要教孩子用上述三种方式分析书中的经典实验，当分析透彻之后，他在考试时就会更加游刃有余。

3. 生物计算题的答题的三大步

生物计算题贯穿于整套生物考试试卷当中，无论是选择题、填空题还是后面的大题，都会出现很多与计算有关的题目。比如，光合作用与呼吸作用、遗传基因、杂交实验等，这些都需要计算。

孩子在做计算题时可以按照以下几个步骤进行解答。

首先，分析题中所给的相关知识点，通过这些知识点分析解题方法。

其次，分析题目中的隐藏条件。生物不像物理和数学，它的试卷中有些知识点并没有直接给出，而是需要孩子进行分析与总结。比如，当题中提到光合作用时，孩子就应该想到光合作用的公式与具体步骤等，否则就无法解出答案。因此，孩子能否找到这些隐藏知识点就是解题的关键所在了。

再次，重点掌握书中的案例分析。无论是计算题还是分析题都会以书中的例题为主，有很多题的题干是全新的，但是思考问题的方式依然与书上的例题相同。因此，家长要让孩子学会举一反三，把书中的案例分析弄明白之后，他再做计算题时就能更加从容了。

第七章
化解考前压力的
几个方法

认知减压法

晓航和谦谦是好朋友，今年都上高一。随着课程的增多和难度的加大，他们都感到学习压力越来越大了。期末考试又要到了，两人都很紧张。

晓航的爸爸很关心他的学习，经常叮嘱他要勤奋刻苦，努力为高考打好基础。最近晓航因为担心考试考不好变得很焦虑，在家复习时经常走神，复习效果也不好。爸爸看到他的表现后很是着急，责备他都快考试了还分心，不知道学习的重要性。晓航只得坐下来好好看书，可是他的压力不仅没得到排解，反而越来越大，书都看不进去了。

谦谦也很紧张，担心自己考不好让爸爸妈妈失望，看书时老是发呆，有时还会焦虑地在本上画来画去。妈妈看他这么紧张，便去安慰他。知道他是因考试而感到压力大后，妈妈对他说："谦谦，现在咱们来想想，为什么压力大？是不是因为担心考不好？可是考试还没开始，不一定就考不好啊，所以这样的担心是不必要的。再想想如果你一直这样紧张下去会有什么好处吗？没有，只会让你复习时不专注，效率降低，临场发挥也不好，考试成绩更低。所以，现在你该做的是把这些压力放下，好好复习，以最佳状态参加考试。"

妈妈的话让谦谦恍然大悟，压力减轻不少，他开始静下心来看书。在期末考试中，谦谦取得了不错的成绩，晓航却发挥得不太好，成绩下降不少。

　　面对孩子因考试而产生的压力，晓航的爸爸没有帮着孩子理清压力的产生原因，考虑解决方法，反而批评他的学习态度，导致他压力越来越大，考试发挥不佳；而谦谦的妈妈则是帮助他正确认识压力，鼓励他抛开压力，专心复习，最终取得了不错的成绩。

　　孩子在考前产生压力是很正常的。但是如果他们压力过大，家长又听之任之，没能帮孩子正确地看待和缓解考前压力，孩子的压力会越来越大，焦虑感越来越强，甚至失眠，复习效率低，从而导致临场发挥不佳，成绩得不到提高。

　　因此，要想彻底帮助孩子化解压力过大带来的不良反应，家长应该教他们学会正确看待压力，找出压力产生的原因并想出解决办法。这就是所谓的"认知减压法"，即对事物的认识不同，反应也不同，结果自然不一样。只有让孩子对压力有了正确的看法，才能帮助他们减轻压力，静下心来好好复习，从而取得不错的成绩。以下是一些供家长参考的相关建议：

　　1. 有压力是正常的

　　首先，家长应该教孩子正确认识压力。家长要告诉他们，有压力是正常的，并不是说明他们不够优秀。在一些很重要的但自己还没完全把握的事情上，绝大多数人都会担心自己做不好，感到有压力。只有让孩子认识到这一点，才能让他们坦然地面对自己的考前压力，为自己缓解压力做好准备。

　　2. 分析产生压力的原因

　　在孩子知道产生压力是正常的现象之后，家长要帮助他们寻找压力的源头。如果他们是因为担心考不好而感到压力，家长就要进行深一步的了解：是担心自己考场发挥不好，还是哪一科学得不好，或是复习计划安排不当导致效果不佳等，从而产生压力。等了解到产生压力的具体原因后，家长就要帮着孩子对症下药，针对他们的问题制订解决方案和复习计划，帮助他们快速减轻压力。

3. 不要把事情想得太糟糕

在找到孩子产生压力的原因后，家长要让孩子明白，他们的压力多半是由于不自信、把结果想得太糟导致的。因而家长要鼓励他们，帮助他们树立信心，让他们明白只要用心复习，就一定会有回报。家长要教孩子不要只考虑最坏的结果，要尽量往好的方面想，保持乐观心态。只有这样，孩子的担心才能减少，才会感到放松，从而减轻压力。

4. 让孩子知道任由压力增大的不良后果

如果在分析完产生压力的原因、鼓励孩子增强自信之后，孩子的压力还是不能得到缓解，家长就应该试着让他们想象任由压力增大而可能产生的后果。家长可以引导他们想一下，如果压力越来越大会怎么样？会对自己的复习有帮助吗？会不会导致自己复习分心、焦虑不安，甚至影响睡眠？会不会导致自己考试时过于紧张，导致发挥不利，成绩降低？指出这些不良影响以及可能出现的后果之后，家长要告诉孩子，一味地担心是没有意义的，这些压力不会对他们的学习有任何帮助，最明智的做法就是抛开担心和压力，好好复习。只有这样，孩子的压力才能更快地得到缓解，全身心地投入学习。

包容减压法

小宇今年上初三，是个学习努力刻苦的孩子。

随着中考的临近，大家越来越紧张，学生们都在为考试做准备。学校里也经常组织一些模拟考试，帮着大家适应中考。小宇平时学习很用心，但复习时总是抓不住重点，把书通读一遍后却很难找出自己不懂或不太熟练的知识部分，导致学习效率不高，几次模拟考试成绩都不理想，信心也越来越少，逐渐开始担心自己的中考。他的压力越来越大，书也看不进去了，有时还会很焦虑，甚至会在房间里走来走去，不能安静地坐着。

妈妈发现这一情况后，赶忙向小宇询问原因。小宇告诉妈妈自己的模拟考试成绩总是得不到提高，担心中考会失利。妈妈听完后对他说："孩子，要沉得住气。你不是最佩服艾森豪威尔将军吗？你想想看，在那么严酷的战争环境中，作为一个指挥者，他的每一个指令都决定着无数人的生死。他的压力大吗？肯定比你考试的压力大多了。可是他还是坚持了下来，承受住了压力。你要向他学习，试着包容这些压力，并利用这些压力给自己鼓劲，做好该做的事。"

妈妈的话让小宇为之一振。是啊，想要做得好，就必须承受得住压力，得学会包容。从那以后，小宇就暂时放下了压力，全身心投入到学习中，效率提高不少。月考中他取得了不错的成绩。

在妈妈的开导下，小宇明白了自己应该试着包容压力并做好该做的事，从而减轻了压力，投入到复习中，成绩得到了提高。

学会包容压力、与压力"相处"，这对孩子来说是很重要的。他们在学习中常常会因为遇到不懂的知识、觉得自己不如别人或是担心考试等原因而感到压力较大。如果没有较强的抗压能力，他们就会容易受到压力的影响，从而产生紧张、焦虑的情绪，这会对孩子的学习造成不良影响，也不利于他们未来踏入社会。

因此，家长在平时的生活中要培养孩子这种包容压力的素质，让他们知道产生压力是很正常的，但是要尽快摆脱或减轻它，不要让压力干扰到自己的情绪和生活。或者孩子可以学着利用压力来激励自己，这种能力有助于他们快速减压，得到放松，从而提高学习效率，也会对他们的性格养成和人际交往带来很多好处。那么家长应该怎样培养孩子的这种能力呢？

以下是一些相关建议：

1. 用名人典故学会包容压力

家长可以给孩子讲一些名人的典故，通过他们当时的境况和处理方法来告诉孩子，有压力是正常的，那些杰出的人物也会感到压力很大，他们的压力比考试压力大多了。但在压力面前，他们选择了包容，没有被压力拖累，做好了该做的事并取得了成功。这些生动的事例会让孩子明白涵养的重要性，教会孩子主动向那些成功的人学习，试着放下压力并好好复习，提高学习效率。

2. 暂时放下压力，听音乐或读书

孩子明白了包容压力的重要性后，家长应该让他们先放下课本，去做些其他的事，试着"忘记"压力，静下心来。比如让他们去听一些较为轻缓的音乐，或是看本课外书，暂时放下学习和考试，训练自己包容压力的能力，看能否心无旁骛地做事。轻柔的音乐能帮助孩子放松，而看书则需要孩子静下心来并专注，这些都能帮着孩子忘掉烦恼和压力。

3. 静坐、远望或按摩

当孩子感到压力大时，家长也可以让他们停下复习，静坐一会儿，望望远处的天空和风景，试着让自己静下心来，学会与压力"相处"并适应压力，排除外界干扰，不再因此分心。在望向远方时，孩子会感到心胸开阔，心情会变得宽容、释然，更容易接受压力的存在并包容它，家长也可以让他们学着为自己按摩，这样可以使孩子的肌肉得到放松，情绪平复下来，压力得到缓解，学起来效率更容易提高。

4. 向别人倾诉压力

如果孩子压力过大，并因此导致情绪起伏较大、焦虑不安，甚至崩溃，家长要鼓励他们向别人倾诉，把自己的压力说出来。可以让他们向父母或同学谈谈自己的复习情况和对考试的担心，必要时可以通过哭泣来宣泄压力。说出来之后孩子的压力会得到缓解，心情会平静一些，压力也减轻不少。这时，家长应该与孩子一起分析压力产生的原因，找出复习过程中的不足，并想出对策，帮助孩子得到心理上的放松。

运动减压法

小玫和乐乐今年都升上了高一，两人住在同一个小区内，从小一块长大，是很好的朋友。

小玫的妈妈喜欢打羽毛球，有空便会找朋友来"切磋"球技。在妈妈的影响下，小玫也喜欢上了打羽毛球，经常和妈妈比赛。升入高中后，学习任务加重，小玫感到压力增大不少，尤其是快要考试的时候总是特别紧张，担心自己考不好。每当这时，妈妈就拉着她去和自己打羽毛球，让她不要想那么多，通过运动来放松自己。这个办法果然很有用。在和妈妈打羽毛球的过程中，小玫的身心都得到了放松。几场比赛后痛快淋漓，洗个澡再去复习时发现一切负面情绪都无影无踪了，学起来劲头很足，效率也提高不少。

乐乐也经常担心考试，复习时压力很大，有时容易走神，眼睛看着书本，心里却在想着万一考不好该怎么办。每当爸爸看到她这样发呆，便会批评她几句，怪她不好好复习，都快考试了还分心。有时乐乐想要出去散散步放松一下，爸爸更是不准，认为她是在浪费时间，想要偷懒。久而久之，乐乐的压力得不到缓解，负面情绪越积越多，复习时书也看不进去，考试时又很紧张，总是发挥不好，成绩反而没有提高。

乐乐的爸爸认为运动放松其实是偷懒，不利于乐乐复习，导致她压力越来越大，考试表现不佳；小玫的妈妈则鼓励她通过打羽毛球来放松身心，使她的学习效率得到提高，考试发挥出色，成绩也很理想。

很多家长都像上例中乐乐的爸爸一样，觉得复习阶段让孩子运动会让他们分心，甚至觉得会导致他们偷懒，不利于复习；也有的家长认为，孩子复习已经很辛苦了，运动只会加重他们的负担，使他们更疲惫，所以不支持他们出去运动和放松，这往往导致孩子的压力和紧张得不到排解。

其实，运动是一种很有效的减压方式，对于学习任务多，考试压力大的学生来说尤其重要。适当的运动不仅能让他们的大脑得到休息，还能缓解他们的压力，使他们的负面情绪得到排解，做到劳逸结合，复习起来才能更加专心，从而能够轻松应试。因此，家长可以让复习阶段的孩子通过适当的运动来放松身心，缓解压力。以下是一些相关建议：

1. 培养孩子养成运动的习惯

养成运动的习惯对孩子来说是很有好处的。它不仅能促进孩子的生长发育，使孩子保持健康，同时还能有效减压，帮助孩子得到放松。因此，家长应培养孩子养成运动的习惯，让他们找到自己喜欢的运动方式，经常练习并帮助自己减压。

研究表明，很多运动都有减压功效。家长可以教孩子登山、打羽毛球、竞走、长跑、滑冰。这些运动不仅能让孩子学到一些技能，提高他们的身体素质，同时还能帮助他们有效地缓解压力。当然运动也要根据孩子自己的兴趣来进行，家长应鼓励他们通过自己喜欢的运动方式来减压。

2. 教孩子通过做体操、按摩等方式来放松肌肉（运动方式不合适）

孩子感到压力比较大时，常常会导致肌肉紧张，这反过来又会加重他们的压力，这时可以通过放松肌肉来帮助孩子减轻压力。家长可以教孩子学习按摩或是做体操运动，在此过程中，不仅肌肉得到了放松，孩子也能静下心来，变得更加踏实，不再浮躁和紧张。

除此之外，家长还可以让孩子时不时做做深呼吸，按摩腿部，或者做做运动体操，泡泡脚，这些都可以让他们得到放松，然后全身心投入复习，以最佳状态参加考试。

3. 适当运动，但不要太累

需要注意的是，虽然通过运动能让孩子得到放松，缓解压力，但如果运动强度过大、时间过长，则有可能导致他们分心或损耗过多体力，神经更加紧张，不仅没得到放松，压力反而更大，结果适得其反。所以，在孩子通过运动排解压力时，家长要提醒他们不要运动太长时间，心里要有计划；也不要进行强度过大、过于紧张的运动，要做些能让自己放松的有氧运动，比如慢跑、散步等。孩子要适当运动，不要让自己太累，只有这样才能让他们真正得到放松。

家长还应该让孩子明白，减压运动并不一定要花费很大精力或大动干戈，专门留出时间进行。在复习的间隙也可以通过伸伸腿、揉揉肩来放松自己，提高复习效率。这样做能够帮孩子节省精力和时间，使他们全身心投入学习。

睡眠减压法

恒恒今年上初一，是个活泼懂事的孩子。期末考试就快要到了，他正在为考试做着积极准备。

由于小学时对英语不够重视，没有用心学，导致恒恒的英语成绩一直不高。升入初中之后他才知道，原来英语这么重要，是三大主科之一呢。可是自己底子薄，基础弱，对英语的学习缺乏信心，平时在学习进度上也有些跟不上大家，这让恒恒很是为期末考试担心。他觉得以自己目前的实力和状态，英语很有可能会不及格。在这种压力下，恒恒变得很焦虑，有时甚至会失眠。白天犯困时又舍不得去睡觉，想要抓紧时间复习英语，晚上也会熬夜背单词。结果导致上课时走神、瞌睡，复习时效率也不高。

　　妈妈发现这一情况后，马上向恒恒了解原因。听完恒恒的解释，妈妈告诉他："想要取得好成绩、全面复习知识是没问题的，但同时也要注意效率，不要给自己太大压力，该休息就要休息，要保证充足睡眠。感到心情烦躁时也可以去睡会儿觉，一觉醒来，发现烦恼不见了，心里就平静了。"

　　恒恒听从了妈妈的建议，不再熬夜看书，感到疲倦或压力大时也会放下课本休息一会儿。久而久之，他发现自己不那么紧张了，复习效率也提高不少，单词背得更快、记得更牢了。在期末考试中，他的英语成绩取得了很大进步。

　　在妈妈的建议下，恒恒保证了睡眠质量和时间，烦躁时会选择休息一会儿，身心得到放松，压力得以缓解，学习效率提高了。

　　临近考试，总是有很多孩子会因担心成绩不好而感到紧张，压力大。有时为了全面复习，取得好成绩，他们便会选择熬夜学习，占用睡眠时间，白天也很少休息，希望通过"勤奋"来取得大的进步。然而，这样做的结果却往往是听课状态不好，学习效率不高，压力还会增大，导致孩子复习效果不如人意，成绩也得不到提高。

　　充足的睡眠是精力充沛的保证，也是学习效果的基础。只有拥有充足、高质量的睡眠，大脑和身体才能得到足够的放松和休息，孩子才能以最佳状态吸收知识。除此之外，睡眠还是很好的"减压剂"，烦躁时睡一觉能让大脑得到休息，缓解疲劳，减轻压力，提高精力。所以，家长可以试着教孩子通过睡眠来减压。以下是一些相关建议：

1. 保证充足睡眠

要想通过睡眠来减压，首先要保证充足的睡眠时间。对于在为考试做准备的孩子来说，脑力劳动多，睡眠更需得到保证。家长要让他们知道充足睡眠的重要性，告诉他们好的学习状态会比长时间浑浑噩噩地看书更有效率。尽量避免他们熬夜学习，要让他们保证每天的睡眠时间不低于七个小时。而且要早睡早起，晚上最好能在十一点之前睡觉。

2. 为孩子创造一个安静环境，保证睡眠质量

家长要明白，睡眠的质量和时间同等重要。如果孩子虽然睡下，却容易突然惊醒，这说明他们的睡眠质量并不高，第二天的状态也不会好，学习效率还是得不到提高，压力也很难缓解。所以，家长要尽量为孩子创造一个安静、相对独立的睡眠环境，保证他们的睡眠质量，不要在他们睡觉时看电视或播放音乐。

3. 孩子烦躁时让他们睡一觉

考前压力常常会导致孩子焦虑、着急，书也看不进去，还很容易动怒或是自暴自弃，失去信心。家长要及时了解他们这些情绪并加以重视，当他们感到压力大、心情不平静时，可以给他们一些安慰，让他们去睡一觉。一觉醒来后，孩子的那些负面情绪会减轻不少，身体得到休息，压力得到缓解，心里也平静不少，这时再去学习效率自然就提高了。不管是在学习的间隙还是平时，当孩子感到烦躁易怒时都可以让他们通过睡眠平缓心情，调节情绪。

4. 不能把睡眠当逃避手段

需要注意的是，虽然充足的睡眠能帮孩子赶走负面情绪，但家长要让孩子明白，睡眠只是一种减压手段，不能用来逃避事情。有的孩子在学习、生活中遇到问题时，不去找原因和想办法，却通过睡觉来逃避问题，导致事情得不到解决，问题越积越多。所以，家长要告诉孩子，睡一觉虽然可以帮自己放松身心，使大脑得到休息，但遇到问题时还是要积极寻找

原因，想出解决方法。即使孩子是因考试而感到压力大，也要想想压力的具体来源和解决办法，看怎样才能提高成绩，使自己不再焦虑，而不能寄希望于通过睡一觉解决一切问题。

笑容减压法

小博和峰峰是同班同学，两人也是好朋友，经常在一块学习。今年两人都升入了初三，马上就要参加中考了。

小博的成绩在班里处于中等水平，距自己的理想高中还有一定距离，所以他对即将到来的中考感到很是紧张，怕自己发挥不好，考不到理想的学校。而他的爸爸比他还要紧张，只要小博在复习，爸爸就把电视关了，也不让家里的人多说话，生怕影响到小博复习。在这样紧张的环境中，小博的压力更大了。于是他想放松一下，爸爸却严肃地对他说一切要以学习为重。小博只好回去看书。但由于压力太大，书也看不进去，复习效果并不好。

峰峰的成绩不如小博，他的压力更大。不过他的爸爸却比较放松，还经常开导峰峰，让他不要过于担心，只要自己尽力即可。在峰峰的复习间隙，爸爸常常会把他叫过来，让他休息一会儿，给他讲讲笑话，或是一起看一些搞笑的综艺节目，一家人谈笑风生，好不热闹。放松过后再去学习时，峰峰发现自己学得更快、记得更牢了，压力也减轻不少。

模拟考试时，峰峰自信地参加了考试，小博却仍是很紧张，发挥得也不好。成绩公布后，小博发现峰峰的成绩进步很大，超过自己一大截。

　　小博的爸爸加重了小博的压力，导致他复习效率不高，对自己没有信心，应试状态不佳。而峰峰的爸爸却鼓励他笑一笑，放松身心，使他的压力得到缓解，成绩也进步很多。

　　不少孩子感到考前压力比较大时，都会感到焦虑，更不用说想到通过大笑来减压了。很多家长也是如此，他们不断告诫孩子要以严肃认真的态度来复习，常常把氛围搞得紧张压迫，导致孩子压力更大，又得不到宣泄，负面情绪越积越多，这样很容易让孩子自暴自弃，或是在考试中发挥失常。

　　其实，笑是一种很有效的减压方式。笑是人类的本能，在笑的时候肌肉会运动，神经会得到放松，情绪得到宣泄，心里也不那么紧张了，这样一来孩子很容易帮助自己树立乐观和自信的态度。所以，家长要鼓励孩子多笑笑，即使在学习最紧张的日子里也要学着通过笑为自己减压。以下是一些供家长参考的建议：

　　1. 让孩子看一些搞笑的节目

　　在孩子学习感到疲倦或是压力大时，家长不妨让他们休息一下，并让他们看一些搞笑素材，比如喜剧电影、搞笑的综艺节目、笑话书等。这些材料会让孩子感到轻松并大笑，释放压力，忘掉烦恼，得到放松。再次复习时孩子便会轻装上阵，提高学习效率。

　　需要注意的是，这样的放松时刻虽然重要，但也要有节制。家长要对他们的放松时间有所限制，不能为了缓解压力而耽误太多的学习时间。

　　2. 为孩子营造轻松的氛围

　　有时不仅只是孩子为考试感到紧张，家长也会焦虑，甚至压力更大。但即便如此，家长也要注意孩子的情绪，不要让自己的态度增加他们的考前压力。家长要尽量为孩子营造一个轻松的氛围，不要给他们施加压力或提太多要求，以防增加他们的紧张感。在他们感到压力大时，家长可以让孩子休息一下，陪他们聊聊天，讲一些好笑的事。笑容是会"传染"的，轻松愉快的情绪也会"传染"给他人，在这种谈笑风生的氛围中，孩子的压力也就得到了缓解，学习效率也会有所提高。

3. 让孩子保持乐观心态

有的孩子过于悲观，凡事只往坏的方面想，常常因此陷入焦虑中。不少孩子还会在考前对考试过于担心，并由此滋生出很多负面情绪，导致压力过大。对此，家长要让孩子明白，乐观向上的态度是必需的，未雨绸缪虽然重要，但也不能过度忧虑，想得太多容易形成巨大压力，反而影响到复习和考试，使成绩得不到提高。家长要引导他们多往好的方面想，多鼓励他们，使他们对自己有信心，保持乐观的心态。

4. 没事也要主动笑一笑

研究表明，没有外界因素引导的情况下，单纯地笑一笑也能帮助人们减压。因此，家长要培养孩子养成这样的习惯，让孩子经常对自己笑一笑，即使没有什么特别的事也要让自己笑一笑，这样能够在轻松愉悦的心情中有效缓解压力。此外，家长还可以让孩子每天起床后就对着镜中的自己笑一笑，对自己说声：学习中的困难没什么大不了的，然后放松身心，以饱满的精神更好地投入到学习中去。

呼吸减压法

琳琳今年上初三，一直是个成绩优异的小姑娘，从来没有让父母失望过。大家都觉得她肯定能考上一个好高中。

随着中考的临近，大家都越来越紧张了，复习任务越来越重。本来对自己还算有信心的琳琳见大家都这么努力，爸爸妈妈对自己又寄予了那么大的期望，心里不由得紧张起来，感到有了压力。她经常不停地想象自己在考场上的样子，有时还会想如果考砸了该怎么办。这让她的压力越来越大，书也看不进去，听课时老走神，甚至会失眠。

爸爸注意到了这一情况后问琳琳为什么会这样，琳琳告诉爸爸自己因为担心考不好而压力巨大。爸爸听完后对她说："宝贝，你太不自信啦！你的成绩那么好，要相信自己才对，只要你好好复习，一定能够发挥出色的。现在爸爸教你一个方法，以后感到紧张或压力大的时候，就做深呼吸，吸气、吐气，慢慢地你的压力就减小了。"说完，爸爸还亲自示范了深呼吸。

琳琳听从了爸爸的建议。每当她感到压力大时，就会学着爸爸的样子做做深呼吸，心情就会平静下来，压力也不那么大了。最终，她凭借自己的实力和良好的发挥在中考中取得了满意的成绩。

在爸爸的帮助下，琳琳学会了深呼吸放松法，调整了情绪，使自己平静下来，压力得到了有效缓解。

当孩子感到压力大时，往往会觉得烦躁胸闷，思绪混乱，书看不进去，学习效率不高。这时如果家长不让他们把压力释放出来，仍要求他们看书，可能会导致他们更加焦虑，甚至对学习产生抗拒心理，复习效果会更差，成绩反而得不到提高。

其实，帮助孩子排解压力最简单的方法就是教他们学会通过呼吸来放松。做深呼吸时，全身肌肉得到放松，心率恢复正常，孩子会有很舒适的感觉。深呼吸能够帮助孩子调节心情，减轻压力，从而提高复习效率更高，在考场上发挥得更好。所以，家长不妨训练孩子通过呼吸来调节自己的情绪，让自己放松一下，理清思绪，减轻压力，以便更好地投入到复习中。以下是一些供家长参考的建议：

1. 学习间隙做做深呼吸

复习过程中，繁杂的知识很容易让孩子感到压力较大，从而变得焦虑，学习效率降低。家长可以教孩子在学习间隙进行深呼吸，帮助他们放松。做深呼吸时，孩子要全身放松，不要再想与学习有关的事，选择自己觉得舒服的姿势开始呼吸。闭上眼，用鼻子慢慢、轻轻地吸气，心里默数1、2、3，并想象自己吸进来的气经过鼻子、呼吸道、胸腔然后沉到腹腔。整个过程中要有耐心，不要急促，否则效果不会很好。在特别紧张的时候孩子可以用力呼吸，这样能让身体迅速放松。

除了深呼吸，家长也可以教孩子学着"叹叹气"。这样做能有效地缓解胸闷，保证呼吸的顺畅和身心舒适。

2. 到室外走走，呼吸新鲜空气

有时过度紧张会导致孩子感到胸闷，呼吸不顺，压力更大。对此，家长可以让孩子停下学习，到外面走走，去公园或野外逛逛，呼吸一下新鲜空气。新鲜空气将使孩子的呼吸顺畅，"刺激"他们的大脑，使他们能够更加清醒，摆脱负面情绪，理智地分析事情，不会再感到焦虑，压力也可以得到缓解。

此外，家长还可以让孩子到比较安静的地方大喊出来或挥动手臂，宣泄自己的压力，然后调整自己的呼吸和心率，使自己平静下来。

想象减压法

佳佳今年十二岁，刚刚升入初中。小学时她的成绩一直很好，在班里总是名列前茅。可是自从上了初中，越来越多的课程让她感到无所适从，学起来很吃力。

期末考试就快到了，这让本来就不太自信的佳佳更加紧张，担心自己不如小学时的表现，会考不好。尤其是化学，这门刚开始学的课程总让佳佳觉得无从下手，不知道该怎么学，作业也总是不会做。为了应付考试，她决定每天都抽时间背公式，有时甚至会熬夜。虽然爸爸妈妈劝她不要因为考试而影响睡眠，但她还是觉得压力很大，想要抓紧时间复习，却总是看不进去，效率也得不到提高，好多题还是不会做，这又让她压力增大不少。

妈妈决定帮助佳佳排解压力。她想起了自己学过的瑜伽，便让佳佳跟着她学冥想放松法。妈妈找来一些瑜伽音乐，在静谧的氛围中引导佳佳进行冥想，让她忘掉学习，闭上眼睛，想象自己来到了大森林中，旁边还有小溪，她在草地上悠闲地坐着，看着旁边的马匹……渐渐地，佳佳真的觉得自己身处其境，身心都放松了，压力也不那么大了。

在妈妈的指导下，佳佳经常训练自己的冥想能力，并通过这种方式来减压。久而久之，她的压力和其他的负面情绪都减小不少。在期末考试中，佳佳取得了不错的成绩。

在妈妈的引导下，佳佳学会了通过冥想来排解负面情绪，减轻压力，从而提高了学习效率。

孩子在考前感到压力大，多半是由于他们对考试过于担心或是不自信，总是在想如果考不好该怎么办。有时甚至会自己想象出考不好的情境和结果，导致自己更紧张，压力更大，结果学习效率降低，复习效果不佳，甚至影响睡眠。

既然孩子的压力是由于过于担心而造成的，那么家长便可以通过让他们想象美好的事物来减轻压力。而冥想则属于瑜伽运动的一种，它是指让人们通过想象自己身处安静美好的环境，而让自己得到放松，减轻压力。

所以，对于因过于担心考试而感到压力大的孩子来说，可以试着通过想象和冥想来放空自己，使自己放松下来，缓解压力，平静心情。以下建议供家长借鉴：

1. 想象与考试有关的积极结果

既然孩子的压力是由担心考试成绩引起的，家长不妨让他们对此进行想象，可以引导孩子往积极的方面想，不要把事情想得太糟糕。可以让他们想象一下取得好成绩、排名进步的情境。等到他们因此而放松下来后，再对他们进行鼓励，告诉他们只要好好复习，那样的情境是可以变成现实的。家长平时也要注意，要多给他们积极影响，不要对孩子要求过高，以防增加他们的压力。

2. 想想开心的事

在孩子感到压力大时，家长可以让他们暂时放下学习，想一些其他的事来放松一下。可以教他们想想与朋友在一起玩的欢乐时光，或是一些搞笑的笑话。在这样的想象中他们的神经会得到放松，压力会得到缓解，学习效率也就容易提高了。除此之外，家长还可以让孩子想想考试结束后的日子，告诉他们只要熬过这段时期，就可以轻松地玩耍。到那时，孩子的压力和担心也就不算什么了。在这样的心理暗示下，孩子的考试压力自然会减轻不少。

3. 引导孩子进行冥想

除了简单地想象之外，瑜伽中的冥想也是一种很有效的减压方式。家长可以让孩子静坐，闭上眼睛，引导他们想象自己身处安静、愉悦的环境中。用轻柔的音调进行引导，让他们想象自己身处大自然，眼前是开阔的景象，没有学习，没有考试，没有需要担心的事情。在这样的想象中，他们的身心都放松下来，不再焦虑，不再有压力。

引导孩子进行冥想时，最好能让他们穿一身宽松的衣服，让他们感到舒适、轻松。冥想时身体要放松，注意力集中在呼吸上以确保呼吸规则而不急促，平时也要多进行训练。

4. 在安静的环境下进行想象或冥想才有效

不管是通过想象还是冥想进行放松，一定要保证环境的安静和整洁。最好是在温暖的房间中进行。家长可以播放一些轻柔的音乐作为背景，灯光不要太亮，还要避免其他人的活动打扰到孩子，引导孩子进行冥想时语调要柔和轻缓，不要着急，要让孩子感到放松和舒适。

第八章
有好身体
才有好成绩

考前莫熬夜，调整生物钟

早上，王磊是被三个闹铃叫起来的，昨天晚上他复习功课一直到半夜才睡，今天有点不想起床了。可是今天是周一，他必须得去学校上课，这让他不得不从床上爬了起来，顶着两只黑眼圈洗脸刷牙。

"昨天晚上又熬夜了？妈妈告诉过你多少次了，不能总是熬夜，对身体不好，虽然你马上就要考试了，但也不能总是熬夜学习啊，身体会受不了的。"妈妈一见他憔悴的模样心里又急又气又心疼。

王磊不以为意，这话妈妈都说过很多遍了，而且他也知道熬夜对身体不好，但这次考试对他来说很重要，反正他到现在也没有感觉身体哪里不舒服，只是白天比较没有精神罢了。

"我知道了，妈妈，以后我会注意的。"他打着哈欠从洗手间走了出来，吃完早餐背起书包就出了门。

但是走在上学的路上，王磊总觉得今天地面有点晃，眼前的东西也比较模糊，走着走着，扑通一声摔在了地上。

"王磊？你怎么了？"幸好他的同班同学看到了他，吓得赶紧把他送进了医院。

医生诊视后说道："没大碍，只是睡眠不足，让他好好地睡上一觉就行了。"

就这样，王磊躺在医院的病床上，一直睡了一天一夜，才精神饱满地醒了过来。

"你啊，以后坚决不能再熬夜了。"爸爸妈妈严重警告道。

王磊终于体会了熬夜的坏处，不仅熬垮了身体，还差点耽误了考试，在以后的日子里，他痛改前非，每天都会准时在十一点以前上床睡觉，尤其是即将面临考试的日子里，他尤其注意自己的睡眠质量，从不熬夜，努力调整着自己的生物钟。

　　熬夜会对身体造成多种损害，如容易疲劳，免疫力下降等。根据免疫学的研究表明，晚上11时到凌晨3时是美容时间，也就是人体的经脉运行到胆、肝的时段。这两个器官如果没有获得充分的休息，就会表现在皮肤上，容易出现粗糙、脸色偏黄、黑斑、青春痘等问题。对于不习惯早睡的人来说，最迟也要在凌晨1时的养肝时间进入熟睡期。而且，长期熬夜会慢慢地出现失眠、健忘、易怒、焦虑不安等症状。就像故事中的王磊，因为长时间熬夜，竟然在路上走着走着就昏睡了过去，着实让人又担心，又无奈。

　　我们常说：早睡早起身体好。据美国的一项最新研究发现，睡眠不足会影响孩子的注意力和学习能力，引起头晕、耳鸣、复视、手抖、动作不准确等不良症状，若是长期睡眠不足，还可能导致血脂和胆固醇增高，助长动脉硬化等问题，这对即将面临考试的孩子来说，实在不是一件好事。所以，越是到考试的时候，家长越要监督孩子的睡眠情况，不要让孩子在考前熬夜，帮助孩子调整好他们的生物钟，这样孩子才能以最佳的精神面貌来迎接考试，考出理想的成绩。

　　生物钟又称生理钟，它是生物体内的一种无形"时钟"，是人体随时间有规律地发生变化的周期。比如，人体的体温在24小时内并不完全一样，早上4时最低，18时最高，但相差在1℃以内，如果这一周期发生较大的改变，则往往是疾病的先兆或危险信号。如果我们知道了这些人体周期性的变化，孩子就能根据这些变化来安排一天要做的事情，不仅能提高学习成绩，还能大大提高学习的效率，对考前的孩子有百利而无一害。

　　但是很多面临考试的孩子会经常熬夜读书，以为这样就能多学一点知识，考出好成绩，殊不知，晚睡会让孩子白天缺乏精神，真到了考试当天，由于生物钟的影响，孩子还处于这种状态，会影响到孩子的考试成绩的。

因此，家长应该让孩子在考前及时调整自己的生物钟，以最佳的精神面貌来迎接考试。

1. 早睡早起，不睡懒觉

家长应帮助孩子改掉晚睡的习惯，第二天早上也不能让孩子睡懒觉，周末休假的时候，也是如此，要让孩子养成早睡早起的好习惯。家长应监督孩子，让孩子每天晚上尽量要在22：00以前入睡，第二天早上要在6：30左右起床，洗漱并进行适当的运动，这样孩子才能在9点左右的时候进入一个兴奋状态，从而更能学进去，学习效率也会提高不少。

2. 提高孩子的睡眠质量

考前的孩子不仅要早睡早起，还要注意提高自己的睡眠质量。比如，不睡软床、睡觉不蒙头等。随着人们生活水平的提高，钢丝床、沙发床、席梦思等已成为众多人的入眠之榻，然而，并非所有的人都适合睡这些床。因为软床可使脊柱骨骼正在发育成长的孩子发生脊柱侧弯的情况，很容易因为不良的睡眠姿势而导致驼背的产生。因此，在考试前孩子最好不要睡在过软的床上，可选择睡硬板床，这样才能提高孩子的睡眠质量，使孩子精神饱满地面对考试的到来。

劳逸结合，张弛有道

小勇马上就要中考了，但是以他现在的成绩，想要考入理想的高中，还有一定的差距，所以小勇的压力一直很大，除了吃饭睡觉，他将大把的时间用在复习功课上，希望用时间和题海战术来提高自己的学习成绩，为考试做足准备。

今天，小勇又度过了紧张的一天，在学校时不停地学习，回到家后连饭都顾不上吃，他就回房间做试卷，复习功课去了。

"小勇，快出来吃饭，吃完休息一会儿再写作业吧。"妈妈做好饭后来叫小勇吃饭，小勇应了一声，可直到妈妈第三次来催他的时候，他才进了饭厅。

"妈，我马上就快考试了，别人家的父母都希望孩子多学习，你怎么总是打扰我啊。"小勇一边吃饭一边埋怨妈妈。

妈妈微笑着说道："我当然也希望你能好好学习啊，但身体是自己的，你也要注意劳逸结合，一味地埋头苦学只会让你更加紧张，没准反而会影响你的考试成绩呢。"

"哦，知道了。"小勇点了点头，却并没有把妈妈的话听进心里。

"那一会儿吃完饭，和妈妈一起下楼走走吧，不能只做书呆子，也要适当地娱乐一下啊。"妈妈趁机建议道。

但是小勇却眉头一皱，大声说道："妈，我还要学习呢，你就别打扰我了。"

说完，小勇饭也不吃了，扔下筷子就回屋学习去了。

妈妈无奈地叹息一声，想说点什么，最终却只是张了张嘴，并没有发出任何声音。

越临近考试的时候，孩子越容易紧张。在这种紧张的气氛下，孩子为了能考个好成绩，往往在考前抓紧一切时间用来学习和做题，恨不得一分钟当成两分钟来用。但是过度用脑只会让孩子感到疲劳，使孩子的学习效率和能力下降，最终反而影响他们的考试成绩。

因此，家长应让孩子在考前学会放松，要劳逸结合，张弛有度，孩子才能有更好的学习精神，也才能更好地应对考试这道"难题"。那么，如何才能做到劳逸结合呢？

1. 合理安排考前时间，做好时间计划

俗话说："时间就是生命。"对孩子来说，考试前的时间更加珍贵，而如何合理地安排好这段时间来进行学习和娱乐，则是家长应该教给孩子的一个重要内容。孩子的认真学习并不是一味地埋头苦学，而是要做好充分的时间计划，劳逸结合，有学有玩，在精神放松的前提下进行有效地学习。这样才能提高孩子的学习效率，合理地利用起孩子的考前时间来。

所以，家长应帮助孩子做一个时间安排计划表，在时间表上，不仅要有学习的时间，还要有休息的计划安排，真正做到张弛有度，不要让孩子总是紧绷着神经学习。

2. 培养孩子良好的生活习惯

良好的生活习惯对我们每个人来说都很重要，都是保障身体健康的重要手段，尤其是对于考试前的孩子来说，良好的生活习惯更是前提和保证。那么，哪些才算是良好的生活习惯呢？

首先，家长应帮助考前的孩子保持乐观的心态，避免过强的精神刺激，一旦发现孩子的情绪低落或是精神紧张，家长应及时开导孩子，让孩子进行心理调节，使孩子保持心情舒畅，避免产生过重的心理压力。

其次，家长应监督孩子的日常生活，让孩子进行有规律的生活，早睡早起，合理饮食，健康生活。长时间不规律的作息会严重影响孩子的生活和学习，使孩子出现生长缓慢、记忆力下降、多动、肥胖等症状，这对考前的孩子来说是很不利的。而且，孩子正是长身体的时候，尤其是考试前的时候，孩子更需要充足的营养，所以，家长一定要让孩子吃得饱，吃得好，这样才能让孩子的身体健康，以最佳的状态来迎接考试。

除此以外，家长还要让孩子养成每天泡脚的良好生活习惯。寒冷的秋冬季节，很多孩子都会出现手脚冰凉的情况，而长时间的手脚冰凉，不仅难受，还会使孩子受到冻疮及其他疾病的困扰。手脚冰凉的主要原因是受冷空气影响后孩子的新陈代谢减缓，血管收缩，血液回流能力减弱，从而导致手脚的血液循环不畅，令手脚发寒、冰冷。如果孩子的考试时间在秋冬季节，那么家长应防止孩子出现手脚冰凉的情况，可以让孩子每天泡泡脚，缓解这些状况。因为泡脚是改善手脚冰凉最有效的方法，在泡脚过程中，血液循环系统渐渐畅通，身体慢慢发热，此时如果再对双脚进行揉搓按摩，效果会更好。不仅如此，泡脚还能提高孩子的免疫能力，使孩子的身体状态更健康，面对考试时会更得心应手。

盛夏警惕"空调病"

炎炎夏日，小蓝不仅要顶着太阳去上学，还要面对考试的压力，这让小蓝的家长十分心疼，每天只要小蓝快放学回来，他们就赶紧把家里的空调打开，让女儿能一进家门就迅速"降温"。小蓝也很享受家长的安排，每天一放学就赶紧回家，享受空调带来的一丝惬意。

虽然家里有空调"坐镇"，但小蓝还是要按时上学，每天她都依依不舍地从家里出门，顶着烈日赶到学校，吹着根本没有什么作用的老旧吊扇，小蓝和同学们的心情都郁闷极了，总是期盼着学校什么时候能大发慈悲，也在教室里装上空调。

如此一来，小蓝更加喜欢待在家里了，除了上学时间，她几乎足不出户，一边计算着考试将要到来的时间，一边抓紧时间复习功课。

小蓝对自己的学习成绩十分有信心，但就在考试的前两天，她突然觉得身体很不舒服，头疼脑热，就像是感冒了一样。

"难道是热伤风？"小蓝赶紧把自己的状况告诉了妈妈，"妈妈，怎么办？再过两天就要考试了，可我现在的状态估计要考砸了。"

"估计是天气太热，这两天上学让你爸爸开车送你，车上有空调，不会太热。"妈妈也很着急，赶紧给小蓝的爸爸打电话，让他以后接送小蓝上下学。

爸爸当然也很心疼女儿，马上答应了下来。

可是小蓝的情况并没有因此好转，反而越来越严重，考试的那天早晨，她一醒过来就不停地打喷嚏，感觉浑身没劲，脑子也昏昏沉沉的，一点都进入不了考试的状态。

"这，这可怎么办是好啊？"妈妈急得直打转。

小蓝有气无力的说："先去考试吧。"

"都这样了还怎么考试？先去医院，咱们先看病。"爸爸焦急地说。

幸好这次只是期末考试，可以补考，小蓝只好跟着爸爸妈妈去了医院，到了医院，医生了解情况后，马上就下了结论："你这是'空调病'，吹空调吹的。"

"啊？竟然是吹空调吹的？"爸爸妈妈听了医生的话，目瞪口呆，没想到自己的好意，竟然害得女儿错过了一次重要的考试。

空调给人们带来舒爽的同时，也带来的一种"疾病"，现如今，越来越多的大人和小孩就"倒"在了这种"疾病"之下。当人们长时间在空调环境下工作和学习时，因空气不流通，会逐渐出现鼻塞、头昏、打喷嚏、耳鸣、乏力、记忆力减退等症状，与感冒十分相似，但这并不是病毒引起的，而是空气不流通，环境恶化导致的。这类现象在现代医学上被称之为

"空调综合症"或"空调病"。

和故事中的小蓝一样，很多时候，孩子们重要的考试都是在炎炎夏日，为了让孩子能更好地迎接考试，用心复习功课，很多家长都会为孩子准备最好的学习环境，比如安静的空间，凉爽的空调等。但长时间待在空调环境下，由于空气的不流通，会使孩子的身体产生病状反应，造成身体机能衰退。

那么，家长应该如何让孩子健康地使用空调，预防"空调病"呢？

1. 保证室内空气的流通

通常情况下，我们在使用空调时都会关上门窗，此时室内与外界几乎隔绝，室内的氧气不断消耗但得不到补充，空气中二氧化碳的浓度就会升高，空气因此变得污浊。当孩子长时间处在这样的环境里时，大脑就会处于缺氧状态，久而久之，不仅会影响孩子的学习效率，还会使孩子的身体机能下降，患上空调病，出现头晕、发热、盗汗、身体发虚等症状。

了解到这一点后，家长在让孩子享受空调的同时，就应该注意室内的通风换气，最好每隔二三十分钟就把窗户打开，通风几分钟后，再关上窗户打开空调。如此循环使用空调，才能保证孩子在空调房里的健康。

2. 适当地到户外活动，室内外温差不应过大

家长不应让孩子长期待在空调房里，每天还要抽出一些时间鼓励孩子从室内走出去，适当地进行一些户外活动。不过，当孩子从空调环境里出来时，家长应当让孩子先在有阴凉的地方活动片刻，在身体适应外界温度后再到太阳光下活动。如果在空调房内的时间过长，在进行户外活动之前，家长应让孩子多喝开水，加速体内新陈代谢，以此来保证身体的健康。

另外，家长不应让孩子过分贪凉，室内和室外温差不宜过大，应以不超过5度为佳。而且，孩子夜间睡眠时最好不要使用空调，入睡前就应帮孩子把空调关闭，打开房间的窗户，这样才能保证室内空气流通顺畅，从而

促进孩子的血液循环，预防空调病。

考前饮食莫大意

马上就要进入考试季了，温温觉得自己应该把更多的时间放在学习和复习功课上，而不是像以前一样，把大把的时间用在吃饭和娱乐上。尤其是吃饭，温温觉得可以随便对付一下，只要她不偏食，不挑食，肯定不会出现营养不良的情况的。

而且，考试季又是在夏天来临的时候，温温也想趁机减减肥，要不然夏天穿什么都不好看。所以她就让妈妈以后不要做那么丰盛的饭菜，只要能吃饱就行。

正好温温的妈妈最近工作忙，听她这么一说，就满口答应了下来，不过，她还是叮嘱温温，一定要进行营养搭配，不要总是吃垃圾食品。

温温连连点头，可背着爸爸和妈妈，她每天早晚都只是各喝一碗粥，中午只吃一个馒头配一道素菜，只有在周末不用上学的时候，她才在家里吃些有营养的饭菜，或者是去快餐店吃汉堡包。

久而久之，她虽然节省了大量的学习时间，也瘦了不少，但看起来精神不振，一点也不像个活泼开朗的学生样子。

这一天傍晚，温温一放学就回了家，在厨房里随便拿了个凉馒头，配着中午吃剩下的饭菜吃得津津有味。

妈妈的工作终于告一段落，今天也早早地回到家，准备为辛苦备考的女儿做一顿好吃的。可刚一进家门，就看见女儿正在吃残羹剩饭，内心无比的心疼。

"温温，你怎么吃剩饭？夏天吃剩饭容易吃坏肚子，妈妈马上就给你做好吃的。"妈妈走过去就要把剩菜倒进垃圾桶。

温温却拦下了妈妈，说道："我尝过了，没坏，吃完我还得做作业呢。"

妈妈没办法，只好把剩菜交给了她，并嘱咐道："以后不准再吃剩饭。"

温温嘴里答应着，却没有往心里去，以后的日子，该怎样还是怎样，照例经常吃剩菜剩饭，妈妈怎么管都不听。

就这样过了快半个月，考试时间越来越接近了，温温的精神状态却一天比一天憔悴，而且，最近，她的肠胃总是不舒服，不是胃疼，就是拉肚子。

"妈妈，我肚子又开始疼了。"这天一回家，温温就倒在了沙发上，吓得妈妈赶紧把她送到了医院。

经过一番检查，医生告诉温温，她之所以肠胃总出问题，和她的饮食习惯有着很大的关系，让她以后千万要养成良好的饮食习惯，不能再大意。

很多孩子在面临考试的时候都会觉得时间不够用，恨不得每天都把吃饭、睡觉的时间用在学习上，但这样做却会让身体陷入恶性循环，破坏人体的免疫功能，让孩子的身体素质变差，反而会影响考试的成绩。所以，家长在孩子考试来临之前，应更加关注孩子的饮食状况，不能粗心大意。

那么，家长应在孩子考前如何安排好合理的饮食呢？

1. 不要突然对孩子的饮食进行大改革

孩子准备考试的日子是很辛苦的，很多家长总是担心孩子在这段时间的饮食不够丰富，营养跟不上，所以在考试快来临的时候，常会突然改变孩子的饮食计划，安排一些过于丰富和孩子平时很少接触的食物。这对准备考试的孩子来说，是很不可取的。

这是因为，孩子的肠胃面对突然改变的饮食，会有一个适应的过程，而如果肠胃无法尽快适应这些变化，就会引起一些肠胃上的不良反应，影响孩子的健康和学习。所以，家长不要在孩子考试前进行较大的饮食改革，可选择进行适量的改变，让孩子的肠胃功能慢慢适应这些变化。

2. 营养均衡，注意孩子的饮食卫生和安全

在孩子考试前，家长应特别注意孩子饮食上的卫生和安全，不要让孩子吃剩菜剩饭，少吃或不吃生冷食物。尤其是炎炎夏季，不能为了贪凉，而让孩子过多地食用冰冷的食物，以免引起肠胃疾病，影响孩子的复习和正常考试发挥。

3. 少喝咖啡，多喝水

很多孩子为了多抽出时间来进行学习和复习，经常会在困乏的时候喝一些咖啡来解乏，殊不知，咖啡中的一些成分虽然对精神有一定的亢奋作用，但也会对身体产生一些不良的影响，并不适合备考的孩子过多饮用。

另外，用晚上喝浓茶来振奋精神，提高复习效率的方法也是不可取的，家长一定要对孩子进行监督教育，多准备一些白开水为孩子消暑解渴，少让孩子喝咖啡和浓茶。

如何给孩子的大脑补充营养

赵炎今年正在读初中。为了能让自己在初中学到更多的知识，以优异的成绩升入理想的高中，赵炎经常捧着书本，一看就是大半天。

为此，赵炎的家长总担心他会用脑过度，想方设法帮助赵炎补充

营养。补了大半年，家长发现赵炎整个人明显胖了一圈。

"爸爸妈妈，以后不要再让我乱吃东西了，我都营养过剩了。"赵炎为此也十分苦恼。

妈妈叹了口气，说道："哎，本来是想为你的大脑补充点营养，谁知道全补到腰上了。"

"儿子，爸爸妈妈再想想办法，你再咬牙坚持一下，爸爸妈妈肯定能找到好的营养方案的。"

家长这么坚持，赵炎也没办法，只好继续吃爸妈准备好的各种营养饮食。

夏季的一天，马上就要期末考试了，赵炎却发现自己开始长白头发了，这个发现让他大吃一惊。

这也愁坏了赵炎和他的家里人。赵炎看着爸爸的头发，再瞅瞅妈妈的头发，他们都还没有开始长白头发，为什么自己就变成"白头翁"了呢？难道真的是自己的脑子缺乏"营养"？

正常情况下，人们在40岁以后才会开始出现白头发，这是因为随着年龄的增长，人体肾的精气逐渐衰减，导致头发的营养不足，渐渐地开始出现白头发。这属于正常现象，但如果青春期的男孩开始长白头发，就有点不正常了。就像故事中的赵炎一样，明明只是初中生，却比爸爸妈妈还"老得快"，提前长出了白头发。

这种现象，医学上称为少年白发，俗称"少白头"，即青少年时期头发就过早地变白，呈花白状。

中医认为，青春期男孩产生"少白头"的主要原因是由血热、肾气虚弱、气血衰弱等原因造成的。头发的营养来源于血，如果头发变白或脱落，多半是因为肝血不足，肾气虚弱。如果人体的脏腑机能旺盛，阳气精血充盈，毛发就能得到充分的滋养，从而显得又黑又润，还不易脱失。如果情况恰恰相反，人体先天不足，后天又缺乏调养，就会导致白发早生，稀疏易折。

但是故事中赵炎的家长明明为他准备了很多补充大脑营养的食物，为什么还会出现缺乏营养的症状呢？这主要是由于赵炎家长的调养方法不当引起的，另外也和赵炎的学习和考试压力过大有很大关系。

那么，家长该如何科学地为孩子的大脑补充营养呢？

1. 帮助孩子释放考试压力

身为学生的孩子也和成年人一样，会因为生活节奏加快而导致精神压力增大，这样就容易引起孩子内分泌紊乱，导致营养素摄入不均衡，大脑供养不足，出现各种不良情绪。俗话说："愁一愁，白了少年头。"考试压力过大、精神紧张、忧愁伤感、焦虑不安等不良情绪都是造成孩子大脑供养不足，出现"少白头"的原因。因此，家长应积极帮助孩子释放考试的压力，避免孩子的精神长时间处于紧张状态，这样才能让食疗逐渐展露出良好的效果来。

2. 少吃多餐，为孩子增加一顿课间餐

读书的孩子正处于生长发育、新陈代谢的旺盛时期，此时的孩子所需要的热能和各种营养素比成年人多得多，如果再碰巧处于考前复习阶段，孩子的用脑处于高度集中期，一旦营养跟不上，就会很容易导致身体出现异常反应。所以，家长在考前更应科学地对孩子进行营养补充，应在维持充足能量的基础上，给孩子增加优质蛋白质、不饱和脂肪酸、磷脂、维生素及铁等营养素。给考前的孩子补脑更适合奉行少吃多餐的饮食原则，家长可以适当地为孩子准备一些营养餐，让孩子带到学校，在课间时增加一餐，并保证三餐的质量，做到营养丰富，样式多样化。

3. 让孩子多吃对大脑有益的食物

家长应了解哪些食物对孩子的大脑有补益作用，可以在孩子的一日三餐中适量地增加以下这些食物的摄入量。

（1）豆类及其制品。这是自然界最好的植物蛋白来源。大豆中富含人脑所需的优质蛋白和八种必需的氨基酸，这些物质都有助于增强脑血管的机能，对考前用脑过度的孩子来说极有好处。

（2）鱼类。鱼类是促进孩子智力发育的首选食物之一，对孩子大脑和眼睛的正常发育也十分有好处，而且，孩子经常吃鱼还有助于加强神经细胞的活动，提高孩子的学习和记忆能力，对孩子考前复习十分有利。

（3）核桃和芝麻。核桃和芝麻含有丰富的不饱和脂肪酸，被公认为是中国传统的健脑益智食品。孩子经常吃核桃和芝麻，不仅能补脑，还能提高大脑功能，帮助消除大脑疲劳，释放学习压力。

考前大补不可取

雪雪是一名高中女孩，虽然高中学习很紧张，但这并没有给她造成多大的压力，只不过，临近考试，她比平时多用功了一些。

这几天，她总感觉自己心烦气躁，还浑身乏力，记忆力也不如以前了。

"难道是我变笨了？"她小声嘀咕道。

后来，在一次例行体检中，雪雪才发现，自己竟然贫血了。

"怪不得我最近总没精神，可我为什么会贫血呢？"雪雪百思不得其解，在她的理解范围中，贫血和营养不良有很大的关系，可她平时饮食很注重营养搭配，不可能出现营养不良，那她的贫血是怎么造成的呢？

后来，雪雪咨询了相关专家才知道，原来贫血是一个广义性病名，属中医范畴中的"虚症"，气虚、血虚、阳虚、阴虚等，都可称之为贫血。而女性因月经等原因很容易引起贫血症，只不过症状较轻微，只要注意休息和保健，一般都不会对生活造成较大影响。

雪雪的贫血就属于轻微性的，只是最近学习压力比较大，才使症状突显了出来。而且医生还告诉她之前的情绪不稳、头晕耳鸣、记忆力减退、乏力犯困等症状，也都是贫血的主要表现。

"那我该吃些什么药来治疗呢？"雪雪急切地问。

"你的症状比较轻微，没有必要吃药，不过，你可以试一试饮食疗法，多吃一些有营养的药膳进行食疗。"医生建议道。

"吃补品吗？没问题，我以后一定会注意饮食方面的营养补充。"雪雪连忙说道。

回到家后，雪雪就把这件事告诉了爸爸妈妈，爸爸妈妈也十分重视，再加上考试将近，妈妈本来就准备给雪雪补充一些营养，于是开始往家里大堆大堆地搬补品，今天燕窝，明天人参，就怕雪雪不够吃。

可补了一段时间之后，雪雪发现，自己的身体素质不但没有变好，反而更加虚弱了。

这是怎么回事呢？

家长带着她再一次走进了医院，医生听了他们的叙述后，叹息一声，说道："你这是虚不受补，身体虚弱的人吃补品应更加谨慎，尤其是你马上就要应付考试，压力很大，考前再大补，身体会受不了的。"

听了医生的话，雪雪这才知道自己理解错了，原来，食疗并不等于大补特补啊。

在考试之前，孩子的身体状况可能会因为压力、环境等方面的原因出现一些问题，但这些问题并不等于疾病，只能说孩子的身体处在了一个亚健康的状态，这种时候，家长经常会因为焦急而给孩子进行营养的补充，让孩子吃一些补品或一些对健康有益的食物等。

家长这些行为的出发点是好的，但对考前的孩子来说，却并不完全适用。就像故事中的雪雪一样，得了贫血症，而她的家长却天天给她吃一些大补之物，结果反而使她的身体受不了，出现了更多的不良反应。

那么，这种时候，家长应该怎么对孩子进行合理的食补呢？

1. 以食物代替补品

家长在帮孩子补身体之前，应先了解孩子的身体情况，看看孩子会不会"虚不受补"，如果孩子的身体过于虚弱，那么家长就应少让孩子吃一些滋补品，以免起到相反的效果。另外，家长在了解孩子身体状况的同时，还要了解什么是滋补品。所谓的滋补品，就是补充人体所缺乏的营养物质，提高人体抗病能力，消除虚弱症的物品。

因为我们人体在缺乏某种必需物质后，会容易患病或引起身体虚弱，而这些滋补品能补足人体所需的营养，使身体快速康复。但孩子身体的承受能力在某种程度上不如成年人，所以过多或错误地食用滋品补只会让孩子的身体更加虚弱，反而起不到补益的效果。一般情况下，常用的补品有人参、鹿茸、海参、阿胶、燕窝、西洋参等。这些补品所针对的大多是虚症，常被分为补气、补血、补阴、补阳四大类。家长只有了解了这些知识，才能正确使用这些补品，对孩子进行营养补充。

但是，任何补品都不能替代食物的营养效果，所以，在孩子考前的日子里，家长还是应该以食疗为主，让营养丰富的食物来代替口味单一的补品。比如，故事中的雪雪有贫血，那么雪雪的家长就可以让雪雪在平时多吃一些含铁量高的食物，如黑豆、胡萝卜、猪肝、蛋黄、海带和黑芝麻等。但是需要注意的是，食补是要以滋补为主，每餐不要吃太多。

2. 了解孩子的体质，对症下"药"

家长应根据孩子的体质来调理孩子的身体。不同的体质，应进行不同的食疗和按摩法，如果在不了解孩子体质的情况下胡乱调理，反而容易引起反效果。所以，家长在考前调理孩子身体时，可以先带孩子去看一下中医，确认孩子的体质后，再对症下"药"，确定食疗和按摩方案。

第九章
考前家长
需注意的几件事

避免孩子因疲劳而导致烦躁

临近考试，宇凡每天都在忙着复习。

"快来吃饭了，一会吃完再看书吧。"妈妈边摆碗筷边招呼书房里的宇凡，可是他却没有吱声。"哎呀快来，饭都要凉了。待会再看。"妈妈见他没动静，又跑到房门口去叫他。

"哎呀我知道了，那么大声干嘛！"宇凡的语气有点不耐烦，他无精打采地走出来，整个人看上去精神状态有些不太好。

饭桌上的宇凡很少说话，对爸爸妈妈的交谈也没有用心听，细心的妈妈把他的喜怒看在眼里，以为是学校里有什么不开心的事，于是问道："小宇啊，怎么了，是学校里出什么事了吗，怎么看上去不太开心啊！"

"我没事，"低头吃饭的宇凡头也不抬地说道。"那怎么看上去不太好啊？"妈妈追问，她很不放心也很疑惑他为什么这样。

"哎呀我都说了没事，你还问什么啊，真的没事。"宇凡皱着眉头，声音里明显透着不愉快。妈妈听着也是愣了一下，转眼瞥见爸爸似乎同样不愉快，宇凡也觉得自己的态度有点不好，随即说道："妈，我没事，我回去看书复习了。"说罢就放下碗筷，起身回房接着看书。

晚上在客厅看电视的妈妈看着书房里来回走动的人影，起初以为是宇凡在休息，后来随着书房里传出大大小小的乒乓声，妈妈觉得有点不对劲，于是端了一杯牛奶进去。只看见书桌上散落着一些试卷，地上还有几本书，显然是被宇凡故意扔到了地上。

看着突然进来的妈妈，宇凡想遮挡一下狼藉的现场，不过他也没有过分掩饰。他的烦躁被妈妈看在眼里，她想孩子是长时间学习太累了。

学习和考试会给孩子带来一定的心理压力，长时间的学习导致孩子出现疲劳，更容易催化这种压力，使孩子出现烦躁易怒、情绪不稳定等情况。就像案例中的孩子，长时间的学习复习让他变得烦躁，时常对周围人发脾气。这样的负面情绪对孩子有很大的消极影响，使孩子的学习效率下降，精神变得消极，长此以往对身体健康也是不利的。此外，心理压力还会影响到孩子的人际关系，所以家长对这种现象一定要注意观察，尽量不要等到孩子出现情绪不稳定、脾气暴躁、状态低迷时才想办法补救，平时就要帮助孩子调节情绪和生活学习节奏，避免孩子过度劳累。这里有几点建议供各位家长参考。

1. 要避免烦躁，先避免孩子过度劳累

烦躁情绪的出现总是有一定原因的。要避免孩子烦躁，家长就得从根本入手：不要让孩子过度劳累。学习是一项脑力劳动，学习时间和强度如果过度，将会对孩子造成一定的影响。这种劳累不仅仅表现在体力上，对孩子的心理也是一种负担。而往往在考试前，孩子更容易出现过度劳累，因为复习耗费了大量的时间和精力。如果孩子在考前付出太多精力，除了是因为应付考试外，可能还有一个原因，那就是平时学习不够深入，对知识的掌握有欠缺。这就是学习节奏安排不恰当了。这时候家长要提醒孩子，平时要认真学习，临时抱佛脚固然有用，但这样既耗时费力，效果也不会很好。

2. 劳逸结合，学习要张弛有度

不会休息的人就不会学习。这句名言告诉我们，学习要注意劳逸结合，有张有弛，这样孩子才能保证有充沛的精力来更好地完成学习任务，提高学习效率。因此家长要教孩子科学地安排作息时间，兼顾自己的学习习惯。比如连续看书一个小时，孩子最好适当地休息十五分钟左右，再做一些远眺运动等，既保护了视力，也缓解了学习带来的疲劳。一般来说，一天学习的时间不宜过长，尤其是连续学习的时间。劳逸结合，始终是学习的重要方法。

3. 有压力要及时排遣，不要等压力外化

在孩子学习的过程中伴随着压力是正常的也是有好处的，因为压力也可以催生动力。但这种压力由于时间的累计和数量的增加，也会导致孩子出现一些负面情绪。为了防止孩子由于压力过大而出现暴躁情绪，家长要及时教孩子排遣压力，放松心情。比如运动就是一个不错的选择。在孩子学习之余，家长可以和孩子一起跑跑步，打打球，顺便聊聊天，交换一下彼此对某些问题的看法和意见，促进亲子间的感情，既放松了身心，也增进了亲情。除此之外，培养发展孩子的兴趣爱好也可以帮助孩子排遣压力。比如乐器、唱歌，只要与课本无关的活动，都可以起到放松心情的作用。当然了，充分的休息是缓解疲劳最直接、最有效的方式。周末让孩子睡个懒觉，每天中午保持半小时的午睡，如果孩子感觉非常疲劳了晚上也可以早睡一会儿，这些都可以避免孩子因过度疲劳出现烦躁的情况。

别拿孩子和"自己小时候"对比

"唉，我们小时候哪有你这么好的条件，可那个时候的孩子啊，学习积极性都特别高，成绩也都好呢，那时候的人才都是人才，看看你们现在的孩子，这么好的条件还不好好学习。我们那个时候啊……"

"哎呀，你们那个时候啊，特别艰苦，上个学都得走好几十里路呢！"听着妈妈这套唠叨了好几年的说辞，小天撇撇嘴，"剧透"了妈妈接下来要说的话。妈妈也觉得自己说的次数很多，无奈地笑了。"我说的意思啊，就是你要知道你现在的情况有多好，要好好利用条件，好好学习！"

小天也很无奈。妈妈每天都要把这样的话说好几遍，自己都能背下来了。自己不是不懂，妈妈又何必总是重复呢？不过让他好奇的是，妈妈那个年代小时候真的有她说的那么艰难吗？对于现在的他来说，妈妈说的那一切都是他不可想象的。

明天就要考试了，小天正在看书复习，不过本来好动的他坐了没一会儿就有点坐不住了。

"哎呀看看你，这都要考试了还这么不认真！我们那个时候，考试前都在拼命地复习，那时候书哪有你们这么多，就一本课本，唉，就那样我们都翻来覆去背好多遍。我那个时候成绩可好了……"妈妈看着不认真的儿子，又开始说她的光荣历史了。本来就没有耐心的小天忍不住嘟囔了起来："哎呀妈，你能不能不要说你小时候怎么怎么样了啊，天天听都烦死了。我知道你小时候学习成绩好，你总是这么说！我没有你优秀，行了吧！"

"哎你这孩子怎么说话的啊！"妈妈一听，顿时就生气了，"我怎么了，我就是想提醒一下你嘛，现在不好好学习以后怎么办！"

"忆苦思甜"似乎是很多人生活中的一种习惯，长辈们也常常用这样的方式来教育晚辈，要珍惜现在拥有的美好的一切，案例中的妈妈就是这样，想要用自己小时候的故事来激励儿子，但是孩子却不怎么领情。这样讲述历史的方式刚开始可能孩子会有兴趣"听故事"，但时间久了就觉得故事变成了说教，味同嚼蜡，而且家长烦琐重复的叙述也会引起他们的反感。当代的青少年们毕竟没有经历过那个时期，也无法从叙述中真正感受到家长的心情，而且家长拿自己的小时候和现在的他们相比，会让孩子觉得家长在故意比较或者有炫耀意味，再加上青春叛逆的特殊时期，会让他们更不舒服。而且现在社会和家长的小时候相比确实发生了很大变化，家长应该避免这样比较。这里有几点建议供各位家长参考。

1. 家长应明确过去和现在的差别

一些70后80后的家长们正是从中国社会转型时期走过来的，他们经历过物质精神相对匮乏的年代，尤其是与现在社会丰富的物质精神财富相比之下，他们更加深切地感受到生活的巨大转变。生活的强烈对比，让他们更加明白现在社会环境所提供的便利学习生活条件，也想用个人的亲身体验和经历来提醒教育孩子，让他们珍惜生活好好学习。家长们的初衷是好的，但是需要明确的是，孩子没有亲自经历过是无法体会到那种切身感受的。家长们应该明确这种时代差异，站在孩子的立场，认真感受孩子现在所感受的一切，让两代人之间能够求同存异。

2. 家长不要把讲故事变成说教

孩子天性里的好奇心似乎对"讲故事"这种方式永远乐此不疲，就像儿歌《听妈妈讲过去的事情》一样，过去的事在家长讲述的时候就变成了一种"故事"，孩子自然对其保持着好奇心。家长往往会在结尾加入自己的"感悟"，附带着教育孩子，开始孩子还会若有所思，或者引起共鸣，但时间久了，孩子没了耐心，家长如果还是一成不变的语调和内容，自然会让孩子感到厌烦。家长其实可以试着延续一开始的方式，只用"故事"来启发孩子，让孩子能有自己的认识。俗话说，一千个读者就有一千个哈姆莱特，说不定孩子能从家长的故事里获得自己的感悟。

3. 家长不要借故事"比"孩子

"我们小时候……再看看你们现在……"这或许是一些家长说起自己小时候时惯用的句式。这样的句式似乎在有意无意之间把孩子和自己小时候进行了比较，而且这样的比较往往带有着"贬低"孩子的意味，这点对于孩子来说是一个很不好的信号，而且长此以往还会打击到孩子的信心。所以家长不要用这样的语气把孩子和自己小时候作比较，应该用自己曾经的故事去激励鼓励孩子，让孩子能够更好地进步。

孩子不是家长理想的"寄托物"

高一的美月马上要进行一场有着不同意义的考试了。

这次考试之后，她就要选择高中学习的方向，也就是文理分科考试。不过她自己还没来得及思考该怎么选择，家长就已经七嘴八舌地议论开了。

"要我说啊，美月应该读理科，你看现在理科以后上大学专业多，也好选，还实用呢。"爸爸首先开了腔，他考虑到以后大学专业的问题。

"不对，一个女孩子，读文科多好，以后上个师范啊什么的，做个老师才好呢。我上学的时候就想当老师，不过那时候上大学多不容易啊，每年考上的也就那么几个，唉，我到现在都还遗憾呢。照我说啊，还是文科好。"在一旁的妈妈显然不同意爸爸的说法。当老师是她的梦想，以前没有完成，现在她想在女儿身上实现自己年轻时代的梦。

"哎呀你怎么目光那么短浅呢，要往长远看啊，你要为以后的工作着想啊，现在的文科专业就业压力多大啊！还是理科好，读理科。"爸爸用不容置疑的语气说道，好像这会已经到了美月选专业找工作的时刻了。不过这倒也让妈妈觉得被"挑战"了权威。

"哎呀我知道，你不就是理科出身的嘛，现在还想让孩子也跟你一样，以后接你的班啊。理科不好，还是文科好，以后做老师，多好啊，就这样！""接我的班怎么了？这样不好啊，至少很稳定。理科好，要上理科！"

听着爸爸妈妈的争论，美月觉得自己好像一个工具，被爸爸妈妈安排以后该做什么。"是我上学还是你们上学啊！你们有问过我的意见吗？你们这不是在给我参谋为我考虑。爸妈，我不是你们实现理想的工具！"

或许每个人的生活都或多或少的有一些遗憾、未完成的梦想或是还没有来得及做的事，家长也不例外。正如有人说，孩子是家长生命的延续，家长为孩子倾注了所有的爱和心血，有的家长也自然给孩子多增添了一个"任务"：完成他们未完成的梦想，替他们圆梦。不知不觉间，他们就把孩子变成了一个"工具"，正如案例中的孩子一样，在文理分科的问题上，家长各抒己见，都想借孩子来完成各自的心愿。孩子最后的发问，也引发我们所有人的思考。孩子作为一个独立的个体，应该有自己的思想和选择，家长若剥夺了孩子的这些权利，把孩子看作自己理想的延续，其实是不正确的。这样也会影响和限制孩子的发展，对孩子而言是弊大于利的。这里有几个建议，给各位家长作为参考：

1. 孩子是独立的，不要把孩子当成附属品

时至今日，有的家长还抱有"我的孩子我做主"的观念，认为家长为孩子安排好一切是理所应当的，而且家长的做法和选择也都是正确的。在孩子成长的路上家长为其指路引导是没错的也是应该的，但是家长应该注意的是，孩子也是一个独立的个体，他们有自己的想法和选择的权力，而家长不应该把自己的意志强加到孩子身上，孩子是父母生育抚养的，但这并不意味着孩子是家长的"附属品"。

2. 孩子的路，让孩子自己选择，只做成长引路人

对于孩子，尤其是有独立思考和判断能力的大孩子，家长要学会尊重他们的想法，平等地对待他们。对于他们自己的成长方向，孩子如果有自己的爱好和想法，家长不应该强行干涉。当然了，毕竟由于年龄和经历的限制，孩子的判断往往会有些偏颇，因此家长应该对他们进行及时的教育和方向的指导。也就是说，家长应该扮演的角色是"引路人"而不是"决策者"。应该引导孩子对自己未来的发展方向有自己的思考和看法。让孩子能够独立地思考，有独立自主的能力，这也是我们进行教育的终极目的。

3. 不要把孩子当成实现理想的工具

也许由于经济条件或者时代因素的限制，很多家长的梦想没有实现。于是有的家长便借着孩子来续写梦想，弥补自己当初的遗憾。其实这种类似于"子承父业"的做法在我们中国是有一定的历史思想渊源的。但随着时代的发展，社会的进步，这样的做法显然有一定的不合理性。家长的理想也许在他们的年代很流行，例如案例中妈妈的"教师梦"，在她年轻的时候也许非常热门，但是就如今来说，它的发展前景或许和以前不一样了。因此对于孩子未来的发展，家长的观念也要与时俱进，不应该因为自己的遗憾而不顾现状，把孩子当作实现理想的工具，我们中国也有句古话：儿孙自有儿孙福。既然如此，家长又何必把孩子变成自己的"翻版"呢？

帮助孩子纠正"苛刻"的心态

"我真是笨，这么简单的题目竟然都没有做出来！"看着试卷，

冰冰愤愤地骂着自己。"哎呀，这种地方怎么能出错呢！""这么低端的错误，简直无法原谅了！"

这是每次考试后冰冰最常说的话了。看着一脸沮丧的冰冰，同桌禁不住说道："你考了全班第二还这么不开心啊！"

"第二又怎么样？还不是出了那么多错误，而且是不该错的题。再说也只是第二而已。"要强的冰冰对自己屈居第二显然非常不满意。她就是一个要强的孩子，不给自己犯错误的机会。

冰冰确实是个成绩很优秀的孩子，每次考试也一直名列前茅，她勤奋努力，没有因为成绩而骄傲，反而一直在寻找着问题，继续改进，她一定要自己做到最好。如果有的孩子需要家长来督促再努力一点的话，那么冰冰妈妈却希望孩子可以不那么用功。因为她担心长此以往的话孩子的弦绷得太紧，恐怕早晚会有受不了的一天。

这次考完试后，冰冰照例把自己关在房间里面对着试卷"反思"，认认真真地总结试卷，寻找着错误的原因。她还在为自己一个粗心犯下的失误而纠结着不肯放手。"如果我把这道题做对，我就是第一了。"

看着她耿耿于怀的样子，妈妈有点着急，"冰冰，出来吃饭吧。吃完饭休息会再看书吧。"

"没事妈，我再看会，今天一定要把做错的题全都做会。我真的太粗心，这根本是不应该错的呀，唉，我太粗心、太不应该了！"冰冰还在一个劲儿自责着。

"你已经做得很好了！真的！下次注意就是了。"

"不行，要是我在高考时也这样的话，那怎么做到完美，怎么考重点大学啊！"

像案例中追求完美以至于对自己有些苛刻的人，应该算作是一种"完美主义者"。这样的人总是对自己有很高的要求，做事丝毫不差，一旦出现问题或者没有达到预期便会失望难过，甚至无法释怀而做出一些极端的事。追求完美是一种优秀的品质，可以为人们的生活和学习提供动力，使人始终保持着积极向上的精神状态，但是如果这种心态过于强烈，使这种追求变成对自己的"苛责"，那么就会产生一些负面影响。如果孩子出现这种情况，由于过于"苛责"会对自己失望、难过，由于不满又会更加努力，时间一长容易导致精力不足，从而影响身体健康，当然学习效率也会打折扣。更糟糕的是，如果孩子经受不住这种"打击"，对自己失去信心，变得颓废，那这样这种"苛责"带来的后果就更为严重了。其实这种"苛责"的心态是不正确的，家长要教孩子正确看待自己，看待自己的错误，对自己的能力有正确的评估，能够对自己提出合理的"要求"，避免因过分"苛责"给孩子带来负面影响。这里有几点建议供各位家长参考：

1. 教孩子正确认识自己，正确定位自己当前的能力

孩子之所以会出现"苛责"自己的心态，很大原因就是他们对自己的评价没有建立在一个客观准确的认识上，对自己提出的要求超越了当前的能力或者只是一个理想的期望值，当理想和现实出现差距的时候，他们还不成熟的内心就接受不了了。所以家长要教孩子对自己当前的年龄、能力和应该达到的状态有一个科学、正确、理性的认识，正确定位自己当前的能力，这样孩子也就不会出现太多的失望，避免他们太过"苛责"自己。

2. 不要用"别人家的孩子"给自己的孩子太多压力

孩子太过苛责自己，一方面是由于对自己的高标准、严要求，还有一方面是来自家长的比较。不管是出于虚荣心还是好胜心，孩子都希望自己能够做到最好，能够让家长为自己骄傲。而家长嘴里似乎永远都有一个什么都做得更好的"好小孩"——别人家的孩子，这样家长无形中给孩子很大的压力，渐渐转变为孩子对自己的"苛责"，希望自己和"别人家"优秀的孩子看齐。所以作为家长，不要总是拿孩子跟别人做比较，更不要

拿别人的长处与孩子的短处相比，刺激孩子。每个孩子都有他的特点和优点，这些都是无法复制的。

3. 多鼓励孩子，适当用"精神胜利法"安慰孩子

如果一个人整天接触的都是比自己更优秀、更富有、更成功的人，那么不免谁都会觉得压力很大，长此以往更会让人觉得压抑。孩子也是这样，如果总是把目光放在自己还未做到的方面，那么就会容易产生"苛责"的心态。如果发现孩子有"苛责"的心态，家长可以用鼓励的方式，让孩子看到自己的优点和长处。就像案例中的孩子，家长可以试着说："你的成绩一直那么好，而且你又很认真，还怕什么呢？你要是都这样，那班里考最后一名的孩子怎么办？最后一名总要有人来当啊！""精神胜利法"有时候也是一种安慰的方式，最终目的都是为了帮助孩子纠正过分"苛责"的心态，帮助他健康快乐地成长。

考试前不宜说这些话

晚饭时间都已经过了，泉泉还没有回来。妈妈在家既生气又着急。

"你又跑到哪里疯去了？你知不知道放学了要回家，知不知道我在家等你吃饭，知不知道要考试了该复习复习！"一进门就听见妈妈劈头盖脸的一顿数落，泉泉本来就不好的心情顿时更加低沉了。不过转念一想，她不经常这样嘛，还有什么好惊奇的。

泉泉一声不响地换鞋，洗手，然后坐到餐桌前拿起碗筷。妈妈还没有停歇的意思。"你看看你一天到晚，都不知道你在干什么，别人家的孩子都在忙着复习考试，我怎么从你身上看不出来一点紧张的意

思呢？我还能指望你给我干什么！唉。"

泉泉心里正在想考试的事呢，听着妈妈的数落忽然一阵委屈涌上心里。自己怎么能不紧张呢？妈妈似乎从来看不到他的努力。这让泉泉很伤心。

"我吃完了，我去看书了。"

"我告诉你，你这次考试要是还没有进步，还这样的成绩的话，我就真得和你好好谈谈了。我看啊，有必要和你老师联系了，看看你一天都在学校里干了什么。唉，其实不用问了，肯定没有好好学习。"妈妈边收拾桌子边不停地说着。

关上房门，把妈妈的絮叨"屏蔽"在外面，泉泉的心情一点也好不起来。学习越来越紧张，妈妈的态度也越来越不好，尤其这几次考试成绩不太理想，她更是非常不满意。每次到了考试前，妈妈总是要这么提醒几天。与其说是提醒，还不如说是打击，因为这只会让自己的心情更加低沉。想到这些，泉泉索性把书扔在一边，"算了，不看了，反正她认为我是考不好了。"

偏巧妈妈又进来"巡查"，看着躺在床上的儿子，再看看一旁凌乱的书本，更是气不打一处来。

"你这个样子，就别想考上什么重点了！"

在孩子学习期间，家长总会以"过来人"的身份或者"旁观者清"的心态不时叮嘱几句，希望能够指导孩子更好地发展，尤其是在考试前，更是希望这些能够对孩子有所帮助。家长们的"金玉良言"总结起来大致分为两种，一种是加油鼓励型，即在考前帮孩子打打气，增加信心，希望缓解孩子的紧张情绪，这是值得肯定的。还有一种就是像案例中的妈妈一样，打击刺激型，家长希望能够通过这样的负面刺激，让孩子上进，以便取得与"激将法"异曲同工之效。家长的心情可以理解，但这样的方式却是不恰当的。在考试之前孩子容易紧张敏感，成绩的重要性自然不言而喻，尤其是对于成绩不理想的同学更是如此。如果家长语言不恰当，反而会给孩子造成消极影响。这里就给各位家长总结一下考前家长忌语，希望各位家长能够参考。

1．"考试了还不加紧复习！整天就知道玩！"

这个句子，是很多家长的惯用语之一。尤其是当家长看到考前的孩子还有上网、打球或者抱着一本闲书看的情况时，这个句子更是频频出现。在孩子考试前，家长还是尽量少用这样带有催促和责备双重寓意的句子来"勉励"孩子。考前的孩子本身已经很忙碌和紧张了，如果再加大学习力度并不是一件好事，而且孩子的"玩"也许是刚刚看完书或者做完题想调节一下大脑以备接下来再战题海。如果是这样，家长岂不是就冤枉了孩子，无形之中又增加了亲情摩擦。所以这样的句子，还是少用为好。

2．"这次考试一定要努力，如果你考到全班第×，我就给你买……！"

考试之前给孩子明文规定了任务，要孩子考到第几名，至少多少分，这样的做法对于孩子来说是背负了一个很大的包袱。考试变成"完成任务"，这对孩子的发挥有很大的不利影响，这样的规定是考前大忌之一。家长要做的应该是给孩子减压，而不是施压，用物质的刺激看似是一种奖励，但其实是给孩子更大的压力。"糖衣炮弹"之下，考试或许已经偏离了原有意义，变成了孩子获得物质奖励的方式，更或是一种"负担"。

3．"你看看人家×××，你要是能跟他一样就好了。"

俗话说榜样的力量是无穷的。家长也希望给孩子寻找一个榜样，让孩子有一个努力的方向和标准。但如果家长在考前经常强调这样的话，这样的比较就会让孩子觉得失望。孩子会觉得在家长眼里自己是无法和×××相提并论的，会感到家长对自己不满意，从而信心骤减，影响到复习状态和考试发挥。因此，家长不要一味地把自己的孩子和别人比较，增加孩子的压力，考前要让孩子有一个良好的心情和轻松的心态，要多鼓励孩子，给孩子加油减压。

考前调节，男女有别

临近考试，紧张的或许不止有学生，家长们也仿佛是要进行一场战役，不过他们可不是去上考场，作为"后勤部部长"，每个家长都有自己的"使命"以及他们各自认为完成这个"使命"的最好方式。

"我们家孩子啊，以前是天天抱着书本，现在越临近考试了，反而经常抱个篮球，唉，打球多累人啊，快考试了，这样耽误了学习怎么办啊。"一位妈妈为考前反而打起球的儿子担心着。

"我们家孩子回家还看书到半夜，她啊，就是太要强，也太紧张，总是在担心考不好，也一定想要争第一，学习成绩一直挺好的，不过我也觉得正是这样给她太多压力了。"

"看来这第一当久了也不是件好事了啊，"一位妈妈笑着说。"女孩子嘛，自尊心强一点，当然想要做到最好了，不过也不要让孩子太累了，现在的孩子啊，也还真难说，他们也不怎么跟咱们家长说话，一问吧就说咱们不懂，唉，考试这事吧，咱是插不上手也帮不了忙，就是希望能帮他们调节一下心情罢了。"这位妈妈说出了家长的心声啊。

"这男孩女孩啊，他们性格不一样，很多事情都不能一概而论，这对待考试也是这样。所以啊，我们家长对男孩女孩考试调节心情的方法也应该不同。"

随着年龄的增长，孩子性别的差异也越来越明显地显示出来。对很多问题的处理态度和方式男女生也是有差别的，对待考试也是如此。就像案例中的家长们所讨论的一样，考前男女生的表现不同，家长应该明确男女生之间的这种差异，针对各自不同的表现"对症下药"，有效帮助孩子进行考前调节。如果家长没有了解男女个性，对男女教育方式一概而论，尤其在考试之际这样的"敏感"时期，很有可能会刺激孩子情绪，影响孩子的状态，最后家长的一片好心反而适得其反。当然了，在男女性别差异的基础上，每个孩子又是一个独立的个体，性格也是不尽相同，家长在注意性别差异的同时，也要结合孩子自身的情况，综合考虑到孩子的个人习惯进行有效调节。这里将分别针对男女生的性别差异给各位家长提供几点参考建议。

一般就男生而言，虽然他们的心思没有女孩细密，但这样对调节压力却未尝不是好事。男孩通常会选择把压力藏在心里，尽量表现得轻松一些，或者很少谈及压力。而这种表现，给家长的调节工作也带来了一些难度，要想与男孩子敞开心扉地谈心似乎比跟女孩要难一些。所以，对男孩考前的心理调节，家长要注意的有：

1. 教孩子学会享受生活，看到生活里细小的美好

很多男生也许没有赏花吟月的小情调，而"倚轩窗"的沉静似乎也不是形容男孩的正面词汇。也许正是由于男孩刚强的性格和"男子气息"，让他们有时会忽略了生活的细小美好。所以，家长要提醒孩子，多用心感悟生活的点滴真情，比如妈妈精心准备的一顿晚餐，几句关心的话语，春暖花开，清风明月，这些都未尝不是生活里美好的风景。

2. 教孩子学会倾诉，学会放松

沉闷的性格似乎是很多中国男孩性格的"标签"，如果一个男孩动不动就抱怨生活，埋怨压力，那么会被人认为是懦弱的表现。其实不然，倾诉有时候未免不是减压的好办法。家长要教孩子懂得分享，学会倾诉，将

内心的情绪宣泄出来，放松心情。除了倾诉，孩子也可以用运动的方式来放松自己，这是很多男孩喜欢的方式。

而女孩较男孩心理变化更为细腻和敏感，当然这样的特点也导致女孩的心理比男孩更为脆弱。女孩的自尊心更强一些，对于成绩有的女孩就看得很重，这样更容易增加心理压力。所以，对女孩考前的心理调节，家长可以这样做：

1. 教孩子放下思想包袱，轻装上阵

很多孩子都会在考前自觉或者不自觉地想一个问题，"要是考不好怎么办"或者下决心一般"我这次一定要考好"。其实孩子这样的担心是多余的，不但会影响心情，还会加大压力。家长要教孩子放下多余的思想包袱，对于考试，只想着做好眼前的题目，不去考虑分数和排名。考试本来只是一场检测，孩子不必太在意测试以外的东西，轻装上阵效果才会更好。

2. 教孩子不让虚荣心和高标准拖累了自己

女孩子的自尊心还容易导致出现一个心理——虚荣心。为了得到高分数让家长开心，让自己更有面子，孩子会给自己制定一个很高的标准，有时候这个标准是超过自己能力范围的，这样的心理会加重孩子考前的焦虑。所以家长要帮助孩子树立正确的考试观念，不要让虚荣心拖累了孩子。

不管男孩女孩，家长教孩子在考前有一个好心情都是很重要的。给孩子一个冷静思考的时间，好好审视一下自己，权衡之下，才会让孩子通过时间和家长的帮助，在考前拥有最佳心理精神状态，更好地应对考试。